AMA
todo lo
que surja

Si este libro le ha interesado y desea que lo mantengamos
informado de nuestras publicaciones, puede escribirnos a
comunicacion@editorialsirio.com,
o bien suscribirse a nuestro boletín de novedades en:
www.editorialsirio.com

Título original: Whatever arises love that
Traducido del inglés por Francesc Prims
Diseño de portada: Editorial Sirio, S.A.
Diseño y maquetación de interior: Natalia Arnedo

© de la edición original
2016 Matt Kahn

© de la presente edición
EDITORIAL SIRIO, S.A.

EDITORIAL SIRIO, S.A.	NIRVANA LIBROS S.A. DE C.V.	DISTRIBUCIONES DEL FUTURO
C/ Rosa de los Vientos, 64	Camino a Minas, 501	Paseo Colón 221, piso 6
Pol. Ind. El Viso	Bodega nº 8,	C1063ACC
29006-Málaga	Col. Lomas de Becerra	Buenos Aires
España	Del.: Alvaro Obregón	(Argentina)
	México D.F., 01280	

www.editorialsirio.com
sirio@editorialsirio.com

I.S.B.N.: 978-84-17030-23-0
Depósito Legal: MA-785-2017

Impreso en Imagraf Impresores, S. A.
c/ Nabucco, 14 D - Pol. Alameda
29006 - Málaga

Impreso en España

Puedes seguirnos en Facebook, Twitter, YouTube e Instagram.

MATT KAHN

AMA
todo lo
que surja

EDITORIAL
SIRIO

Al lector

Tengo el honor de darte la bienvenida a una aventura que te puede cambiar la vida, una aventura que vamos a explorar juntos.

Tal vez tú también has sentido que hay más en la vida de lo que podemos percibir. Pues bien, te invito a adentrarte en una realidad completamente nueva. Cuando empecé a llevar a cabo mi labor, me referí a mí mismo como un *canal* de una verdad mayor. Pero esta verdad no se expresaba solamente en determinados contextos, sino que era como si la tuviese incorporada en el cuerpo. Pues bien, en estas páginas te ofrezco todo lo que he sido guiado a compartir, con el fin de que puedas entrar en contacto con una verdad que es más profunda que los altibajos de la vida.

Como explico más adelante en el libro, fui bendecido con unas buenas capacidades intuitivas y empáticas, que, sumadas a mi experiencia como profesor espiritual, me permiten ofrecer lo que se conoce como una *transmisión de presencia*. Esto puede hacerte sentir que experimentas una transformación en un nivel *energético* por el mero hecho de leer las palabras contenidas en este libro, que son fruto de la inspiración.

Cuando se lee un libro que está codificado para transmitir energía sanadora, no se trata de escudriñar cada capítulo en busca de una serie de hechos o conclusiones. Plantéatelo más bien como una visita guiada por el desarrollo de tu potencial más elevado, que puede ser que active en ti dones latentes y recuerdos intemporales a medida que vayas avanzando. Si bien las palabras que ofrezco juegan un papel importante en este viaje, la historia real es la expansión de tus experiencias, la cual se irá produciendo a medida que vayas avanzando por efecto de la transmisión mencionada.

Durante los últimos treinta y ocho años, un misterio ha ido floreciendo en mi vida. Tal vez la razón por la que estoy compartiendo este misterio contigo es que vayas más profundo en un viaje que te ha estado llamando desde los albores de la creación: el viaje hacia el interior de ti mismo. Tal vez estas palabras signifiquen para ti una llamada a transformar todos los aspectos de tu vida, lo cual puede conducirte a dar un paso adelante como portador de la luz de un nuevo paradigma espiritual.

Lo sepas o no, has llegado a este planeta durante el momento más emocionante de la evolución humana. Por el solo hecho de estar vivo durante estos estimulantes e intensos tiempos de expansión energética estás contribuyendo a elevar la consciencia de la Tierra, como un regalo para todos los seres que la habitan.

Tal vez, en algún nivel, ya sabes que estás aquí por una razón importante, y estás buscando la orientación, la claridad y la dirección que te ayuden a colocar las piezas del puzle en su lugar, con el fin de hallar el alivio, la paz y la alegría que siempre esperaste encontrar.

A quienes resuenan con esta llamada profunda se los considera a menudo *almas energéticamente sensibles*. Mientras que la denominación *alma* hace referencia a ti como expresión única de una fuente de energía que ha tomado la forma de una persona en el mundo, un alma energéticamente sensible es la que recuerda sus raíces celestiales. Para un alma energéticamente sensible, la vida celebra un proceso radical de crecimiento espiritual conocido como *despertar*.

En el pasado, un ser despierto era venerado como un profeta o alguien *que muestra el camino* a una humanidad que está evolucionando. Sin embargo, ya no estamos viviendo en un planeta que cuenta solamente con un puñado de seres despiertos. Hemos elegido encarnar durante un tiempo en que todo el planeta está pasando por el proceso de despertar en cumplimiento de las profecías de muchos seres que nos precedieron.

Así como la expansión de la consciencia en el caso de un individuo es conocida como despertar, la evolución espiritual de toda una civilización o planeta se conoce como *ascensión*. Durante este tiempo de ascensión, o bien sientes el impulso de explorar con mayor profundidad los misterios de tu propia existencia o bien eres tan sensible a la energía del planeta y las emociones de los demás que acaso no sepas cómo manejarte en un estado de conciencia tan elevado.

Puede ser que estés interesado en conocer la vida más allá del horizonte de las comprensiones convencionales. O tal vez anheles desempeñar tu papel en el despertar de la humanidad. O acaso quieres integrar tus sensibilidades energéticas en una vida de inspiración, felicidad y libertad. En cualquiera de los casos, espero acompañarte en el cumplimiento de todos tus deseos por medio de ayudarte a conocer el éxtasis que se halla en el espacio de tu corazón divino. Cuanto más se expande una persona, más empática, apacible, amable y compasiva se vuelve. Sobre todo en el caso de un alma energéticamente sensible, que puede no darse cuenta de lo profundamente embarcada que está ya en un viaje espiritual, el camino más directo y potente es aquel que la conduce a abrir su corazón más de lo que pudo abrirlo antes.

Por esta razón, denomino *consciencia centrada en el corazón* a la energía cada vez más expansiva que está despertando en muchísimos seres, lo cual es otra manera de hacer referencia al poder del *amor en acción*. El amor en acción, constituido por una armonía, una verdad y una gracia infinitamente profundas, se ha codificado en este libro para que pueda sanar cada partícula de tu existencia, a la velocidad a la que permitas que entre en tu mundo.

Estás leyendo estas palabras precisamente porque ya has empezado a permitir que el amor surja en ti. Se va a ir revelando en tu interior el cumplimiento de tu destino, lo cual hace tiempo que estás esperando. Yo, por mi parte, compartiré el viaje milagroso que me trajo a estar ahora aquí contigo. Tal vez el hecho de compartir mi experiencia pueda ofrecerte una mayor claridad y perspectiva en cuanto al camino que tienes por delante.

El hecho de ser un niño energéticamente sensible y altamente intuitivo en un mundo que todavía tiene que comprender plenamente la profundidad de su propio poder y potencial me llevó a experimentar mucha confusión. No solo era incapaz de distinguir entre mis propios sentimientos y las reacciones de los demás, sino que nunca podía sentirme cómodo en mi propia piel hasta que todos a mi alrededor se sentían más a gusto en sus cuerpos. Tanto si daba consejos a mis amigos en el patio como si apaciguaba los ánimos en mi familia para mantener la paz, no podía vivir mis propias experiencias, independientes de las reacciones y respuestas de quienes me rodeaban. Era como si mi propia felicidad estuviera en suspenso con el fin de que yo sirviera a la causa de ayudar a los demás a experimentar la suya.

Por si esta confusión no resultase suficiente, tenía experiencias vívidas de dimensiones superiores y veía energías y seres que no podían ver quienes estaban a mi alrededor. Por ejemplo, experimentaba encuentros con Jesús (unos encuentros intemporales, en que no había ninguna referencia religiosa o histórica al Jesús de carne y hueso) y sostenía conversaciones con familiares fallecidos.

No podía negar la realidad de estas experiencias; pero si bien yo mismo no las entendía por completo, era aún más confuso para mí el hecho de que eran totalmente incomprensibles para los demás.

Cuando la sensibilidad energética y las habilidades intuitivas florecen a mayor velocidad que la madurez de la persona, su conciencia expandida puede muy bien actuar en su contra y expresarse como un sentimiento de inferioridad. En mi caso, el mayor misterio era este: «¿Por qué los demás no pueden ver lo que a mí me parece tan obvio?». Recuerdo que declaré esto al universo: «Si puedo percibir dimensiones de la realidad que los demás son incapaces de reconocer, que pueda usar estas habilidades para ayudar a los demás a descubrir estos regalos dentro de sí mismos».

Siendo adolescente, mientras vivía mi vida en el seno de un hogar judío muy liberal, mantuve comunicación con ángeles y maestros ascendidos. Mis encuentros con ellos consistían en una comunicación telepática lúcida en que veía, escuchaba y sentía las conversaciones como en un sueño vívido, que se manifestaba con tanta claridad como cualquier encuentro interpersonal que tenga lugar en el mundo físico. Aunque contacté con maestros tan diversos como Jesús, Melquisedec, el Arcángel Miguel, Quan Yin y St. Germain, nunca me interesé por sus propias historias, sino que estaba fascinado por la información que me proporcionaban, y la energía que encarnaban era tranquilizadora. Cada uno de estos guías tenía su frecuencia única; cada uno era como un color distinto dentro del arco iris, y emanaban todos ellos una energía de sabiduría y amor. Sabía instintivamente que estaban ahí para ayudarme.

Estos encuentros me llevaron a incrementar y afinar mis habilidades intuitivas, y exploré distintos reinos del universo. Aunque mis padres siempre me apoyaron y alentaron en relación con mis experiencias, en general no hablaba de ellas, porque cada vez que compartía alguna con alguien me sentía como si estuviera viviendo en el planeta equivocado.

En mi primera adultez, mi conexión con los arcángeles y maestros ascendidos se intensificó y fui guiado a entregar mensajes espontáneos a gente a la que no había visto nunca. Por ejemplo, daba instrucciones precisas, procedentes de los ángeles, a personas desconocidas en el mercado, u ofrecía mensajes profundamente sanadores procedentes «del otro lado» a los clientes de una librería... En cualquiera de los casos, de alguna manera era guiado a entregar a esas personas las palabras exactas que necesitaban para experimentar un alivio milagroso en sus vidas. No tenía la menor idea de cómo ocurría todo esto, y de una manera tan perfecta, pero como cada experiencia iba siempre acompañada de un sentimiento de amor innegable, hice caso a mis instintos, que me indicaban que confiase y permitiese que la gracia se expresase de esta manera.

La disposición que tenía a confiar condujo, inevitablemente, a que tuviese un encuentro aún más transformador con estos arcángeles y maestros ascendidos, quienes me habían estado guiando a lo largo de toda mi vida. Durante dicho encuentro se revelaron como agentes de la Divinidad que representaban distintos aspectos de mi futuro yo. Al ver a los arcángeles, a los maestros ascendidos y a mí mismo como expresiones iguales de una verdad eterna, tuve un despertar espontáneo.

A partir de ese momento, fui experimentando más comprensiones e iniciaciones, todo lo cual constituyó una preparación para el encuentro intemporal que ahora tengo *contigo*. Como celebración del viaje que me ha traído hasta aquí con el fin de servir a la eclosión de tu potencial, comparto abiertamente contigo algunas de mis experiencias y comprensiones más avanzadas a lo largo de este libro.

He sido guiado a tender una especie de puente entre los reinos místicos y el camino del despertar; en esta línea, quiero ofrecerte una vía revolucionaria de crecimiento espiritual. La finalidad es que la fuente infinita de sabiduría que eres pueda expresarse a través de la alegría de tu corazón abierto.

Puesto que la apertura de tu corazón es un tema central en este viaje que emprendemos juntos, vas a oírme hablar de tu corazón de varias maneras. Tanto si me refiero a él como a tu verdadera naturaleza inocente, tu niño interior o tu sentido más profundo de la vulnerabilidad, estoy llevando tu atención a la *inteligencia animada que reside en el centro de tu ser*. Al principio, esto puede sonar como la voz de tu infancia, con muchas memorias no resueltas que requieren más paciencia, amabilidad y atención por tu parte. Sin embargo, a medida que mantengas el rumbo, con la fuerza del amor guiándote a cada paso del camino, la voz de tu infancia se irá fundiendo con tu mente de adulto para desembocar en una autonomía espiritual que te inspirará las comprensiones más profundas.

Independientemente si las experiencias que he tenido en mi vida son del estilo de las tuyas como si tan solo presagian una realidad completamente nueva que aguarda tu llegada, ojalá las páginas que siguen puedan servirte como una hoja de ruta virtual que te conduzca hasta tu total redención espiritual.

A veces, un viaje de esta magnitud y profundidad puede o bien poner la vida de la persona cabeza abajo o bien hacer que, milagrosamente, todo se arregle. También puede ser que se alternen con rapidez ambos hechos. Sea cual sea la forma única en que se desarrolle tu camino, está operando la sabiduría del universo, que te llama a salir de las sombras de la inferioridad para que puedas brillar con toda tu capacidad para el bienestar de todos. Por más paulatina o lentamente que quiera abrirse tu corazón, estoy aquí para apoyarte en tu viaje, a través de cada revelación que tengas y cada liberación emocional que experimentes.

Este libro también contiene muchas experiencias interactivas con el fin de ayudarte a anclar e integrar la energía sanadora que estarás recibiendo. Si utilizas los mantras que se ofrecen, poderosamente sanadores, podrás acceder a nuevos territorios en tu exploración interior. Por el mero hecho de recitar cada mantra en voz alta podrás recordar con mayor claridad tu naturaleza eterna, así como afinar tu propia guía intuitiva a través de la confirmación de la sabiduría de tu cuerpo.

A medida que el amor nos une en esta aventura, acudo intuitivamente a las experiencias de muchas vidas pasadas con el objetivo de ofrecerte el camino espiritual más integrado. Con cada paso que des te irás anclando en la profunda sabiduría que contienen cinco palabras de buen augurio: *ama todo lo que surja*.

Al amar todo lo que surge, desentierras la más profunda comprensión del universo de la manera más centrada en el corazón. A medida que tu corazón se abre, puedes ver cómo cada circunstancia y detalle de tu vida han sido creados solo para ayudarte a expandirte. Desde el principio del tiempo, las encarnaciones se han creado para permitir que una Fuente eterna celebre su potencial infinito por medio del crecimiento de entes individuales. Esto significa que sea lo que sea lo que se manifieste en tu vida todo es, en realidad, una manifestación de la voluntad divina. Lo sepas o no, todas las sincronías, encuentros y resultados son creados por el universo como una manera de ayudarte a expandirte hasta el máximo de tu potencial y de ayudarte a recordar la verdad de que eres divino por naturaleza.

Con el amor como guía, puedes explorar la realidad espiritual más profunda que está dentro de ti que subyace a la apariencia de que eres una persona que vive en un mundo donde hay también otras personas. Por debajo de dicha apariencia, eres la obra máxima del universo, y estás abarcando cada posibilidad a través de la vida y los tiempos de un viaje personal. Todos los individuos son el mismo universo que eres tú; solamente se diferencian de ti en que están viviendo unas posibilidades distintas. La energía de la luz eterna es el tejido de la existencia; con ella se conforma cada persona, cosa y lugar. A medida que te vas dando cuenta de la verdad de lo que eres, te vas haciendo consciente de ti mismo como luz; y a medida que la luz que eres se armoniza con la luz de otro ser, descubres una mayor armonía espiritual. Muchos se refieren a este tipo de armonía como *amor*, pero de hecho el amor es el impulso de abrazar la inocencia de la vida que lleva a que la armonía espiritual esté a la vanguardia de las experiencias de la persona. Siempre que el amor se vierte en un corazón o siempre que es enviado como bendiciones a los demás, se despierta la luz que hay dentro de todas las cosas. A medida que la luz de la Divinidad se despierta y se expande en todas direcciones, se cumple el destino del universo.

Como puede ser que hayas advertido ya a lo largo de tu vida, tus experiencias obedecen siempre a motivos superiores que los que se manifiestan en la superficie, aunque no seas consciente de cuáles puedan ser estos motivos. Pero lo mejor de todo es que cuando el amor es invitado a operar a través de ti y responder en tu nombre, ni siquiera necesitas saber por qué ocurren las cosas. Todo lo que se requiere es que estés dispuesto a abrir tu corazón. Con cada paso que das dentro del nuevo paradigma espiritual, puedes celebrar la llegada de la consciencia centrada en el corazón mientras sostienes un espacio sagrado para la ascensión de la Tierra y el despertar de la humanidad.

Tanto si estás listo para abrazar tus experiencias a un nivel más íntimo como si prefieres celebrar tu vida cuando las circunstancias sean más favorables, cultivar el amor incondicional es una etapa esencial en tu viaje. Si no lo haces, no puedes completarlo.

Con independencia de si se trata de manifestar un alma gemela como de curar el cuerpo, buscar liberarte de la condición humana o integrar sólidamente comprensiones anteriores, cada hito espiritual encuentra rápidamente la manera de llegar a ti una vez que has invitado al amor a tu vida.

Este es el amanecer de tu potencial más elevado. Es la aparición de tu alma en la belleza de la forma humana. Es el cumplimiento largamente esperado de tu destino divino. Y para la expansión de la Tierra y de todos quienes habitan nuestro maravilloso planeta, es *la revolución del amor. Una revolución que empieza contigo.*

Reciba muchas bendiciones el viaje que tenemos por delante. Esto es solo el principio.

MATT KAHN

1

La revolución del amor empieza contigo

Ha surgido una nueva espiritualidad, una que reconoce tu
sensibilidad energética y aligera cualquier carga que lleves por medio de inspirar a tu vulnerabilidad profunda a salir
a escena. Este es un viaje centrado en el corazón caracteri-
zado por una infinita alegría y un autodescubrimiento con-
tinuo, enraizado en la belleza de la compasión y anclado en
la encarnación de tu sabiduría más alta. Sean cuales sean los
temas que esperas resolver, tu destino dentro de esta nueva
espiritualidad no es pasar de la falta de conciencia a la plena
conciencia de forma inmediata. En lugar de ello, se trata de
una *aventura* que te lleva directamente a las profundidades
de tu ser para que puedas reconocer y recibir el apoyo que
siempre has merecido. Con cada paso que des a lo largo de
este viaje centrado en el corazón, la mejor solución a cualquier problema revela siempre el mayor catalizador del despertar de tu verdad más profunda. A medida que accedes a
esta invitación, saltas a la vanguardia de la evolución humana

mediante la comprensión de que en un universo de incesantes preguntas *el amor es la única respuesta*.

Para el alma energéticamente sensible, mirar hacia dentro no tiene que ver con volverse más consciente, sino con aprender a estar abierto y aceptar *lo consciente que ya es*. En la mayoría de los casos, la conciencia ya está plenamente presente, pero en un estado de hiperactividad que puede hacer que uno se sienta abrumado por sus propios sentimientos y sea incapaz de distinguir su propia experiencia de la de los demás. Esta puede ser una manera dolorosa y abrumadora de vivir, hasta que uno aprende a transformar su empatía innata en un conjunto de habilidades intuitivas perfeccionadas hasta la maestría. Cuando una persona es energéticamente sensible, su viaje espiritual en estos tiempos consistirá en efectuar una transición desde *temerlo todo* hasta *sentirlo todo*. Para que puedas encontrar el valor para afrontar las experiencias que pueden haberte abrumado en el pasado, has de saber que tienes a tu disposición un conjunto de instrucciones inspiradas por la Divinidad y transmitidas por el universo. Aunque estas instrucciones están contenidas en solo cinco palabras, revelan que *tu corazón abierto es la única fuente de tu refugio*.

Estas palabras son *ama todo lo que surja*. Al aprender a amar lo que surge, la tendencia a luchar con la inevitabilidad del resultado se transforma en la disposición a aceptar las circunstancias siempre cambiantes de la vida. A lo largo de este proceso, quedas liberado de la pesadez abrumadora que se siente en el mundo por medio de regresar al éxtasis de tu verdadera naturaleza inocente. En el nuevo paradigma, no puedes esperar a que tu corazón se abra para amar. Por más cerrado que te sientas o por más apagado que creas estar, es tu voluntad de amar la que te recuerda que siempre has estado a salvo.

Con el amor como guía, activas la forma más potente de sanación para limpiar todas las áreas de tu realidad. A medida que se produce la sanación, completas tu viaje y das a luz una consciencia centrada en el corazón para el bienestar de todos. Es por esto por lo que afirmo que el nuevo paradigma de la espiritualidad es una revolución del amor que empieza contigo.

A medida que avance la revolución del amor, empezarás a ver tu viaje no como la evolución de uno entre muchos sino como el despertar de todos (expresado en el mundo de las formas como la expansión de un individuo).

Al amar lo que surge, los escollos de la sensibilidad energética florecen como la gracia del espíritu en acción. A medida que te conviertes en el ancla de un nuevo paradigma espiritual, se siembran semillas de transformación en cada corazón, al ir convirtiéndose el núcleo de vulnerabilidad al que denomino *tu verdadera naturaleza inocente* en el objeto de tu afecto.

Tanto si estás aquí para resolver una crisis de salud como para descubrir la verdadera alegría y plenitud o hacer las paces con el pasado, ahora es el momento de que brilles como nunca antes y veas hasta dónde están destinadas a extenderse tus alas de ángel.

El universo te da la bienvenida a casa, al espacio que nunca abandonaste, donde se te revelará el reino eterno que siempre ha existido dentro de ti. A medida que este reino eterno despunta, una verdad eterna resuena en el núcleo de tu existencia para recordarte esto con dulzura:

A cada inhalación que tomas, el amor está siempre aquí. En todo encuentro con otra persona, el amor está siempre aquí. Sea lo que sea lo que se junte o lo que se separe, el amor está siempre aquí. En el momento de tu mayor logro e incluso en la hora más oscura de tu incertidumbre, el amor está siempre aquí. En las secuelas de la tragedia o en presencia de tu mayor triunfo, el amor está siempre aquí. Cuando la vida está fluyendo, es inspirada y es armoniosa, e incluso si es frustrante, molesta, dolorosa o inoportuna, el amor está siempre aquí.

Cuando te sientes solo o carente de apoyos, el amor está siempre aquí. Sea lo que sea lo que entiendas y a pesar de lo que te falte por averiguar, el amor está siempre aquí. A pesar de tus pensamientos e independientemente de lo que elijas o de cómo te sientas, el amor está siempre disponible. Sea lo que sea lo que te hayan hecho o lo que creas que has hecho a los demás, el amor está siempre aquí.

A medida que se revela el amor, la luz de tu potencial más elevado alivia tu hiperactividad mental mediante la liberación de capas de desorden emocional. Estos son los resultados naturales que siempre has estado destinado a recibir para celebrar el verdadero propósito que viniste a cumplir. Este propósito divino te ayuda a reconocer tu propio corazón como el centro del universo.

Con cada abrazo del corazón, todos los seres son bendecidos, elevados y llevados de regreso a la magnificencia de su forma original. Esto es lo que significa que la revolución del amor empieza contigo. Es una oportunidad de inspirar la transformación de todos por medio de apreciar tu inocencia como nunca antes.

Al amar lo que surge, cruzas un umbral profundamente transformador durante el momento más emocionante de la historia de la Tierra. A medida que más seres que nunca están despertando a la verdad de su naturaleza eterna, estás contribuyendo al crecimiento espiritual y la expansión energética de toda una civilización, por el solo hecho de aprender a vivir con el corazón abierto. Una señal de que se está listo para dar un salto tan importante es a menudo una intensa llamada a desenmarañar el inconsciente colectivo de la humanidad por medio de sanar uno su propio *yo*. Tal vez esta llamada se puede sentir como un impulso recurrente a encontrar la realización personal, la verdadera liberación y la paz permanente sin tener que reorganizar periódicamente los muebles de la propia realidad. Sean cuales sean los signos que indican que estás preparado, estas palabras confirman que has respondido con éxito a la llamada de volver al amor.

A lo largo de esta revolución centrada en el corazón te das cuenta de que, por debajo de todo, el amor es lo que eres y todo lo que siempre has querido. La voluntad de aceptar esta verdad y contribuir a la transformación de la humanidad es una etapa esencial del crecimiento que llamo *el cultivo eterno*. Durante esta etapa fundamental, tu cuerpo se transforma en un recipiente consciente del despertar por medio de proporcionarle a tu inocencia el aliento, la bondad y el cuidado que siempre ha deseado.

Es un honor para mí acompañarte, de la forma más práctica y accesible, en tu proceso de abrir tu corazón para que te liberes de toda preocupación, disuelvas todos los límites y eleves la vibración del planeta como un regalo de trascendencia para todos.

El amor es el ecualizador definitivo

Mientras te abrazas con más sinceridad que nunca, puede ser que descubras que tu propio corazón ha sido a menudo el último de la fila a la hora de recibir el apoyo y la atención que brindas a los demás. A medida que tu corazón se expande, ya no pasas por alto las oportunidades de absorber la misma amabilidad y atención que tantos seres presentes en tu vida tienen la suerte de recibir. Con cada abrazo amoroso te conviertes en un testigo vivo de lo poderoso, alineado, inspirado y feliz que siempre has estado destinado a ser y estar.

Al amar lo que surge, dejas de lado cualquier tendencia a negar o evitar lo que es inevitable en la vida, o a luchar contra ello, para despertar la intimidad más profunda dentro de ti. En honor a lo lejos que has llegado, te invito a dedicar este momento a celebrar el nacimiento de una nueva realidad.

Tanto si prefieres decir estas palabras en voz alta como leerlas en silencio para ti mismo, repite el siguiente mantra sanador:

Cuando estoy triste, merezco más amor, no menos. Cuando estoy enojado, merezco más amor, no menos. Cuando estoy frustrado, merezco más amor, no menos. Siempre que estoy herido, tengo el corazón roto, siento vergüenza o me siento culpable, merezco más amor, no menos.

Incluso cuando estoy avergonzado por mis acciones, merezco más amor, no menos. De la misma manera, cuando estoy orgulloso de mí mismo, merezco más amor, no menos. Me sienta como me sienta, merezco más amor, no menos. A pesar de lo que piense, merezco más amor, no menos.

Sea cual sea el pasado al que he sobrevivido, merezco más amor, no menos. Sea lo que sea lo que me aguarde en el camino, merezco más amor, no menos. En mi peor día, merezco más amor, no menos.

Incluso cuando la vida parece cruel y confusa, merezco más amor, no menos. Cuando no hay nadie aquí para darme lo que necesito, merezco más amor, no menos. Al recordar la mejor manera en que puedo servir al mundo, merezco más amor, no menos.

Sea lo que sea lo que soy capaz de aceptar, sea quien sea a quien no puedo perdonar o sea lo que sea lo que no puedo amar, por cualquier razón, merezco más amor, no menos.

Al celebrar tu verdadera naturaleza inocente, el amor no te pide que aceptes lo que no puede aceptarse; solamente te dice: «Tan solo abraza tu propio corazón, y aceptaré en tu nombre». No te pide que perdones lo imperdonable, sino que solamente te dice: «Tan solo abraza tu propio corazón, y perdonaré en tu nombre». Ni siquiera te pide que ames lo que no puede ser amado. En lugar de ello, solamente te dice: «Tan solo abraza tu propio corazón, y amaré en tu nombre».

Independientemente de cuáles sean las circunstancias, el amor se asegura de que todo se haga *a través* de ti, en lugar de que sea hecho *por* ti. Al abrazar tu inocencia más de lo que nunca nadie se ha atrevido a abrazarla, encuentras al padre que nunca has conocido, a un gran amigo que nunca supiste que tenías y al amante que ha estado todo el tiempo aquí, como la verdad de lo que eres. De igual modo, al convertir tu propio corazón en el objeto de tu afecto invitas a que los demás reconozcan la verdad que son más allá de los personajes que imaginaron ser. Con el amor como guía, puedes apreciar la singularidad de todos por igual, sin que el dolor del conflicto te separe de ellos.

Es necesario tener en cuenta que si bien los demás pueden no ser capaces de amarte de la manera que siempre has deseado, no tienen por qué faltarte la amabilidad, el apoyo y el cuidado que tu revolución del amor aporta. Tanto después de la decepción como al borde de la desesperación, la profundidad de la atención que puedes brindar permite que las emociones dejen de constituir la prueba persistente de una existencia dolorosa. Cuando estás arraigado en el corazón, puedes ver todas las reacciones como una activación de la consciencia perfectamente orquestada, que despeja el viejo paradigma para dejar espacio y que algo nuevo se despliegue. Esto tiene lugar a menudo a la misma velocidad a la que se acepta cada sentimiento en particular y se le da permiso para estar ahí.

Independientemente de la facilidad o la velocidad con que te abras a los sentimientos que inspiran tu transformación más profunda, es importante no forzar el proceso. En lugar de ello, es esencial que te tomes tu tiempo y aproveches cada momento recordando que siempre mereces más apoyo, bondad y ánimos a lo largo del camino.

Por más desalentadoras, abrumadoras o incómodas que parezcan ser tus experiencias, los altibajos de la vida cotidiana se pueden transformar en una aventura espiritual muy enriquecedora, pues pueden convertirse en la fuente de tu propia realización.

La invitación que hace el amor nunca está atada por ninguna creencia o limitada por ningún papel que representes. Es una invitación a que te fusiones de nuevo en la luz de la Divinidad por medio de recordar la llamada de estas cinco palabras: *ama todo lo que surja*.

Con la disposición a amar más a menudo, puedes recordar las razones espirituales profundas por las que todo acontece. Más allá de lo que afirmen las creencias supersticiosas, cada momento es creado por el universo para asegurar tu mayor crecimiento. El hecho de que experimentes incomodidad no es más que una prueba de la rapidez con que te estás expandiendo. En un esfuerzo por hacer que tu aventura sea lo más gratificante y alegre posible, nos hemos encontrado para recordar lo emocionante que puede ser el cambio una vez que se le ha dado permiso al corazón para abrirse. Con el amor como guía, se puede respetar cada sentimiento y circunstancia como una activación de la consciencia que inspira la transformación más poderosa que existe.

Al hacer las paces con el malestar repentino o el dolor persistente de tus frustraciones personales, una mayor perspectiva te permite ver la vida a través de los ojos del universo en lugar de sentirte atrapado en él como una persona. Sea lo que sea lo que parece desencadenar tus reacciones, cada una de ellas representa la liberación de residuos celulares acumulados por las experiencias de vidas. Cuando tu corazón está abierto, eres capaz de percibir que *todo* lo que estás sintiendo forma parte de un proceso de sanación que tiene lugar dentro de ti. Por el contrario, cuando tu corazón permanece cerrado, las emociones que sientes siempre parecen constituir algún tipo de bloqueo o barrera.

Aprender a amar lo que surge

A lo largo de este proceso, es importante recordar que una sensación solo se experimenta como un bloqueo durante el tiempo en que nos negamos a sentirla. Cuando la invitamos a manifestarse en nosotros, la voluntad de experimentar cada momento como una oportunidad para sanar borra capas de memorias celulares y así queda espacio para el florecimiento de la consciencia centrada en el corazón.

Para muchas personas, es fácil juzgar las emociones incómodas que siempre parecen entrar en erupción en los momentos más inoportunos. Cuanto más a menudo se disparan estas emociones, menos esfuerzo requiere interpretar cada arrebato emocional como un problema permanente que debe ser resuelto. Puedes buscar un sinnúmero de modalidades de sanación o diversos caminos espirituales con la esperanza de que algo hará que la naturaleza distractora, dolorosa e inoportuna de los sentimientos desaparezca. Pero si bien un camino o proceso de sanación pueden ofrecerte un alivio momentáneo a través de un nuevo enfoque o de afirmar los cambios deseados, los sentimientos regresan inevitablemente, hasta que eres capaz de aceptar cada reacción como la prueba de que un viaje más profundo ya está teniendo lugar.

A pesar de que muchas personas se desalientan y frustran cuando la promesa de un determinado camino espiritual no está a la altura de sus pretensiones, desde los ojos del universo es obvio que nada puede rebatir la prueba de que está aconteciendo un viaje más profundo. La sabiduría de tu corazón te invita a ver cada reacción como un momento de activación espiritual. Cuando le das la bienvenida a cualquier sentimiento, los desechos celulares son expulsados de tu campo energético. Y puesto que cada individuo es una expresión del universo, el hecho de que se liberen los residuos celulares de una persona hace que, al mismo tiempo, esto ayude a la sanación de todos.

Esta es la razón por la que amar lo que surge es la forma más importante en que puedes realizar tu destino divino. Al ir abrazando sinceramente lo que se presenta en tu conciencia, eres capaz de dar la bienvenida a la curación espontánea que cambia tu realidad y que contribuye a la evolución de todos los seres (todo a la vez).

Como los niños que tiran de la pernera del pantalón de su padre, cada reacción emocional te recuerda que es el momento perfecto en el tiempo para que te impliques en tu viaje de sanación. Al reconocer cada sentimiento como el siguiente de la fila al que corresponde abrazar como nunca antes y al reconocer la profunda sanación que tiene lugar al permitirte sentir abiertamente cada emoción, ya has dado tu primer paso hacia amar lo que surge, un primer paso emocionante. Cuanto más lejos vas, más fácil es para ti hacer las paces con los catalizadores perfectamente orquestados que a menudo te hacen tener la impresión de que tu vida está descontrolada. Cuanto más les das la bienvenida a todos los sentimientos y emociones, por más incómodos o inoportunos que parezcan ser, más fácil es que estés alineado con tu corazón (a pesar de las circunstancias).

Si bien muchos reconocen el amor como un valor noble e incluso como la vibración más alta que existe, muy pocos son conscientes de cómo amar sin verse inspiradas por las acciones de otra persona. Puede ser fácil devolverle el amor a tu pareja cuando te está elogiando, o puede ser natural que te despierte cariño la inocencia de los animales y los niños. Sin embargo, en el caso de muchas personas, el remedio que reclama su corazón (el amor) parece difícil de alcanzar porque no saben que el amor se cultiva por medio de ofrecerlo libremente.

Una vez que te permites sentir los sentimientos en un nivel más profundo, el siguiente paso es aprender a relajar el cuerpo. Si bien es posible que no te sientas relajado en respuesta a las olas emocionales que surgen en ti, observa lo que sucede cuando relajas todo lo que hay *alrededor* de la emoción que sientes. Una manera fácil de relajar el cuerpo es reducir la velocidad de la respiración. Muchas personas tratan de respirar de manera más profunda, pero acaban inhalando rápidamente en el transcurso del proceso. La clave es respirar de forma lenta y suave para recordarle a tu cuerpo que no corre ningún peligro por dejar entrar y sentir lo que podría no ser otra cosa que otro momento de transformación.

Una vez que la intensidad de una emoción fuerte es acogida con las respiraciones lentas, el siguiente paso es localizarla. Puede haber una tendencia a etiquetar cada sentimiento en un intento de hallar su causa raíz o el trauma de la infancia que lo desencadenó, pero estos procesos están más bien orientados al psicoanálisis de los recuerdos, lo cual puede redefinir la experiencia sin sanarla a nivel celular.

Solo el amor puede hacer que sea lo suficientemente seguro enfrentarse a lo que uno siente. Entonces, se accede a la sanación más profunda por medio de darle la bienvenida a cada sensación, sin necesidad de analizar, contemplar o procesar las experiencias. Solo con llevar una mayor atención a la parte del cuerpo donde permanecen las emociones fuertes o el dolor físico se aflojan las distintas capas de memoria celular, lo que conduce a otro momento de sanación. Tal vez en lugar de pensar acerca de tus sentimientos o de centrarte en quién es el culpable de que los tengas, puedes elegir identificar la parte del cuerpo en que los percibes. Una vez que la hayas localizado (puede ser la cabeza, los intestinos, el pecho o cualquier otra parte), permite que tu atención descanse en el centro de ese lugar. Si no estás seguro de dónde se encuentra la sensación, elige siempre el corazón como el punto donde enfocarte.

De la forma que te resulte más cómoda, observa lo que sucede cuando permites que tu atención descanse en el centro de cualquier sensación mientras respiras lentamente en ella. Quizá cuanto más te acercas a ella, más parece disiparse.

El siguiente paso en tu viaje de sanación es recordar y afirmar la intención del universo. Por más veces que juzgues cualquier reacción, tu propósito más elevado es reconocer todas las emociones como oportunidades de volver al amor en aras de la sanación, el despertar y la transformación de todos. Para ayudarte a convertir la insufrible naturaleza del condicionamiento humano en un momento espontáneo de curación, repite el siguiente mantra sanador:

Acepto que este sentimiento está aquí solo para ser abrazado como nunca antes.

Cuando reconoces que la intención del universo es invitar a *cualquier* reacción, evento, resultado o circunstancia que asegure tu gran descubrimiento espiritual, puedes reducir la aspereza de los sentimientos y afirmar su carácter transformador a través de cada liberación emocional.

A medida que pones fin a la guerra contra la impresión de incomodidad y molestia de lo que te parece inoportuno por medio de aceptar tus propias experiencias como contribuciones a una humanidad más evolucionada, eres capaz de ver lo que ocurre en tu vida desde un prisma de mayor alineación espiritual. Esto puede ayudarte a reconocer incluso lo aparentemente más infranqueable como puertas de acceso a nuevos paradigmas de la consciencia que no requieren que sufras si amas lo que surge.

Cuando recuerdas que un universo sabio y amoroso ha organizado tu vida para inspirarte a realizar tu máximo potencial en forma física, eres más libre de ofrecerte el apoyo que necesitas en los momentos en que más importa. Esto puede ser tan fácil como encontrar un lugar confortable donde sentarte y cerrar los ojos mientras tu mano descansa sobre el lugar donde se ubica la emoción incómoda. Al llevar suavemente la atención, con la respiración, al centro de cualquier sensación, basta con que repitas el siguiente mantra sanador, en silencio o en voz alta:

Te amo.

En un tono suave, estimulante y amable, sigue diciendo «te amo» como si se tratase de una canción de cuna que le cantas a un niño. Cuanto más alegre permitas que sea cada «te amo», más se abrirá tu corazón.

Prueba a ofrecer «te amos» durante un periodo de dos minutos. Incluso si la reacción se disipa después de los primeros, sigue ofreciendo amor como una forma de recordar tu inocencia:

Cuando se produce la sanación, e incluso más allá de la liberación de los residuos emocionales, mereces más amor, no menos.

Esto le recuerda a tu inocencia tu papel como su protector amoroso y sabio. Al prestar más atención a todo lo que surge, tu verdadera naturaleza inocente aprende que no necesita estar en constante crisis o peligro emocional con el fin de recibir el amor que ahora estás dispuesto a ofrecer.

Si una reacción vuelve, repite el proceso durante dos minutos más.

Tanto si estás experimentando constantes agitaciones emocionales como si disfrutas de grandes espacios de tranquilidad entre cada reacción, no se trata de no intentar descubrir —o no intentar permanecer en él— un espacio en que no surjan sentimientos. De lo que se trata es de que permitas que la gracia del amor transforme la manera en que te relacionas con las experiencias de tu vida.

Cuando estás arraigado en el corazón, tus reacciones humanas tienen una función espiritual esencial, tanto en el contexto de tu recorrido personal como en el de la evolución de la humanidad. Con cada «te amo», la perfección de la voluntad divina te ofrece oportunidades de acelerar tu sanación a través de tu disposición a *abrazar* tu corazón como si fuese un niño doliente. Independientemente de cómo se sienta el niño que habita en tu corazón (temeroso, agitado, triste, afligido, culpable, celoso, enojado, con odio o herido), cuando tu respuesta primaria es volver al amor, cada emoción actúa como una invitación a llevar una existencia más alineada con lo espiritual.

Tal vez cada sentimiento te recuerda una ocasión en tu vida en que no recibiste la atención y el apoyo que tan profundamente deseabas. Con cada «te amo» puedes ofrecer a quien recuerda el pasado que conformó tu punto de vista (es decir, a la parte de ti que lo recuerda) la amabilidad, el apoyo, la aceptación y la atención que permiten que se disuelvan las influencias del condicionamiento humano. Al abrazar tus sentimientos con la atención centrada en el corazón, también estás contribuyendo a disolver patrones de juicio en todo el inconsciente colectivo. Esto puede ayudarte a reconocer las llamadas experiencias «negativas» como importantes agentes de expansión de la evolución. Incluso si te hallas ante una emoción que es demasiado difícil de afrontar o que sientes que te es imposible amar, esto sencillamente se convierte en una oportunidad de amar a la parte de ti que es incapaz de afrontar abiertamente el destino de tus experiencias.

Cada momento de sanación trae a la superficie capas de emociones que esperan tu abrazo. Cada una representa momentos del pasado en que tus sentimientos o experiencias pudieron ser juzgados como malos. Cada emoción se presenta una tras otra para que la abraces. Es como si estuviesen dispuestas en fila, constituyendo una procesión de redención cósmica.

Ya sea amando a aquel en ti que siente dolor, abrazando al que tiene miedo o reconociendo al que se niega a afrontar el malestar, amar lo que surge te ayuda a descubrir un cuadro cósmico mayor, incluso en los momentos de la vida más sutiles o carentes de incidentes. A veces puede ser difícil de creer, pero todo lo que se manifiesta en la realidad solo *parece* ser de la forma en que es para que puedas reconocerlo como una invitación a armonizarte con la luz de la voluntad divina. De hecho, no hay ninguna otra razón por la que nada deba manifestarse, independientemente de adónde apunte el dedo acusador y por más fácil que resulte atribuir esa culpa.

Con cada paso hacia delante en el camino centrado en el corazón, tienes el poder de disipar la confusión por medio de reconocer la razón más profunda que hace que cualquier cosa aparezca en tu vida. Más allá de las creencias obsoletas de que tus pensamientos crean tu realidad o de que estás recibiendo un castigo kármico por tus imprudencias del pasado, cada ola emocional te invita a abrazar en ti mismo todo lo que aún no ha sido afrontado, reconocido u honrado por nadie.

De la manera más honesta e íntima, tienes la capacidad de resolver todos los conflictos que se han almacenado en la memoria celular y se han proyectado en el mundo que te rodea, manifestándose en él. Tanto si a veces te parece fácil como si te parece imposible, confía siempre en el poder del amor para hacer que las cosas se arreglen.

Aceptar todo este amor

A medida que abrazas tu corazón más profundamente que nunca, es normal que te preguntes si eres digno de recibir toda esta cantidad de tiempo y atención. Tal vez no estás sintiendo amor o no te parece auténtico decir «te amo» tan a menudo. Tal vez estás acostumbrado a escuchar solamente palabras de elogio como señal de que has hecho algo bien. Es natural que no sepas cómo interiorizar la aprobación si se te ha dado solamente como recompensa por tu buen comportamiento. También es natural que alejes el amor si lo asocias con quienes te han hecho daño.

Incluso si te han dicho «te amo» personas que te han traicionado, herido, maltratado o abandonado, es imprescindible que abraces tu propia inocencia como una forma de reconocer que la atención no tiene por qué dar lugar a dolor, manipulación o rechazo.

A cada uno de nosotros se nos ha dado el poder para sobrevivir (digo esto con el máximo respeto por cada tragedia y entorno insoportable). Que cada paso que das hacia delante te conduzca fuera de las cenizas de un pasado doloroso para hacer las paces con el amor, incluso si no estás dispuesto a abrazar a quienes te han hecho daño. Tanto si te sientes herido o tienes el corazón roto como si estás esperanzado, no es raro que amarte a ti mismo te parezca una experiencia tan nueva que tu mente subconsciente no tenga un punto de referencia en cuanto a ella.

El subconsciente establece dos categorías básicas: lo *familiar* y lo *extraño*. Si, en tu historia reciente, el amor hacia ti mismo fue un acontecimiento muy inusual, estas experiencias se archivaron en la categoría de *extrañas*. Cuando empiezas a amar tu corazón, la sensación de falta de autenticidad o resonancia no es más que la forma que tiene tu subconsciente de decir: «No has hecho esto antes». Puesto que puedes no haberte tomado el tiempo para amarte a ti mismo de forma regular, empiezas ahora tu propia revolución del amor para cambiar la forma en que tu subconsciente responde al hecho de ser el centro de atención.

Cada vez que mandas amor a tu corazón, esto se graba en tu subconsciente como un voto de familiaridad. Incluso un solo «te amo» sienta un precedente una vez que eres capaz de abrazarte a ti mismo como nunca antes.

A medida que «te amo» se convierte en una de las frases más populares que te dices a ti mismo o que envías como una bendición a los demás, tu subconsciente se reprograma para reconocer el amor como una experiencia familiar.

Con el tiempo, lo que una vez cayó en la categoría de lo extraño pasa a entrar en la categoría de lo familiar. Cuando se produce este cambio, el subconsciente le da permiso a tu cuerpo para resonar con el amor como una experiencia de la verdad totalmente encarnada. A medida que tu subconsciente se va familiarizando con el amor, vas siendo capaz de percibir la aprobación y la seguridad que tal vez habías pensado que siempre debían proceder de los demás.

Cada vez que eres capaz de amar lo que surge no estás solo expulsando residuos celulares del cuerpo, sino que también estás deshaciendo los juicios de tu subconsciente, por medio de permitir que el amor se convierta en una experiencia más familiar para ti. Cuantos más juicios se desenredan a lo largo de este proceso, más fácil le resulta a tu corazón permanecer abierto.

Por el solo hecho de repetir la frase «te amo» te conviertes en la fuente de tu propia realización, al ir reprogramando tu subconsciente con consistencia, paciencia y tranquilidad.

A medida que resuenas con el amor como una experiencia verdadera y más familiar y te vas sintiendo lo suficientemente seguro como para permitir que la vida entre en ti, vas siendo capaz de proporcionar amor a los demás como un profundo regalo de transformación. Ya sea a través de cumplidos, actos de bondad, un contacto visual más profundo o una mera sonrisa, en la medida en que abrazas tu inocencia puedes proporcionar esto mismo a los demás.

Cuando reconoces que el hecho de abrir tu corazón es una de las mayores contribuciones que puedes llevar a cabo, avanzas en tu viaje al invitar al amor a hacer evolucionar nuestro planeta. Desde este espacio, puedes reconocer la verdadera sanación como la voluntad de tratarte a ti mismo y tratar a los demás mejor de lo que nunca fuiste tratado en el pasado.

Reprogramar el subconsciente

Uno de los hitos más importantes en tu viaje espiritual es aprender a reprogramar tu subconsciente. Al convertirse «te amo» en una frase familiar que te ofreces a ti mismo de forma regular, dejas de interpretar el amor como una invasión.

Por el solo hecho de abrazar tu corazón con más frecuencia, le ofreces a tu cuerpo el permiso, muy necesario, de recibir la más alta vibración de la existencia, que solo el amor puede proporcionar. Con tu cuerpo calibrado en una mayor resonancia, accedes a tu capacidad innata de cambiar todas las asociaciones que estableciste con el amor, que pudieron influirte a la hora de concebirlo vinculado al dolor o de considerarlo con escepticismo. Esta resonancia también le dice a tu sistema inmunitario cómo actuar, ya que el cuerpo tiende a funcionar como una expresión viva de la frase más popular que esté grabada en el subconsciente.

Con el amor eliminando los obstáculos y llevando frecuencias de luz a todos los aspectos de tu ser, estás contribuyendo a la transformación del mundo, por el solo hecho de atreverte a brillar con más intensidad. Simplemente por recibir tu propio apoyo amoroso posibilitas que la inocencia que mora en cada corazón ponga fin a todas las luchas, sane todas las heridas, deponga todos los juicios y transforme las dificultades al recordar que, por naturaleza, es una expresión única del espíritu en acción.

Como ocurre en cualquier camino espiritual, es natural que tengas la tendencia a querer ir más deprisa de lo que tu inocencia esté lista para permitir. Por supuesto, esto crea más discordia y hace que tu corazón permanezca cerrado en lugar de abrirse. Para que el corazón florezca, se le debe dar el derecho a abrirse tan rápida o lentamente como desee. Si esto da lugar a un gran revuelo de impaciencia o pánico en el interior, puede convertirse en una oportunidad de reconocer a quien se siente así como el siguiente de la fila al que amar. Todo aquello que surja en respuesta a tus experiencias, lo cual puede incluir ninguna respuesta en absoluto, muestra exactamente adónde puedes enviar amor.

Esto permite que amar lo que surge sea uno de los caminos más singulares e infalibles que existen, porque incluso la respuesta o efecto que interpretas como que «esto no está funcionando» se convierte en otro momento perfectamente orquestado para proceder a otra sanación.

Si tu reacción revela al que «se siente un fracasado», al que «no puede hacer las cosas bien», al que «no se sabe controlar» o incluso al que «nunca consigue hacer lo que se propone», cada uno de estos te invita a localizar estas reacciones en tu cuerpo.

Con una voz suave y positiva, ¿puedes permitir que cada uno de estos aspectos que surgen en ti sea amado como nunca antes? Si no, ¿puedes aceptar esto como una oportunidad de abrazar a la parte de ti que no puede amarlos?

Mientras tu inocencia se va abriendo exactamente de la manera que asegura la progresión de tu viaje, puedes darle permiso a tu corazón para que se abra de un modo inesperado. Como una forma de ofrecerle a tu corazón la aprobación, el apoyo y el aliento que necesita para salir de su escondite, repite el siguiente mantra sanador:

No sé cómo amar la tristeza que siento.
No sé cómo amar el miedo que experimento.
No sé cómo amar los celos que percibo.
No sé cómo amar el dolor que mora en mí.
No sé cómo amar los juicios que tengo.
No sé cómo amar las luchas que afronto.

No sé cómo amar el pasado que recuerdo.
No sé cómo amar a las personas que me hicieron daño.
No sé cómo amar a quienes me ignoraron.
No sé cómo amar a quienes me castigaron.
No sé cómo amar a quienes abusaron de mí.
No sé cómo amar la resistencia que siento.
No sé cómo amar la duda que tengo.
No sé cómo amar la oscuridad que hay dentro de mí.
No sé cómo amar las cosas que odio de mí mismo.

No sé cómo amar lo que está aquí para ser amado.
No sé cómo amar lo que puede ser que nunca esté dispuesto a amar.
No sé cómo amar al que parece que no puede cambiar.
No sé cómo amar al que no quiere perdonar.
No sé cómo amar al que se niega a crecer.
No sé cómo amar al que piensa que siempre tiene razón.
No sé cómo amar al que siempre aparece como víctima.

No sé cómo amar al que cree que tiene derechos a expensas de los demás.

No sé cómo amar al que está siempre necesitado.

No sé cómo amar al que está siempre desesperado, solo y nunca se siente realizado.

No sé cómo amar al que nunca está satisfecho y siempre necesita más.

No sé cómo amar al que tiene miedo de tener menos.

No sé cómo amar al que siempre piensa que hay algo por ganar.

No sé cómo amar al que solo quiere irse a casa.

No sé cómo amar a los que me han rechazado.

No sé cómo amar al que siempre ha sido rechazado.

No sé cómo amar al que siempre se siente indigno.

No sé cómo amar al que persigue lo que desea, solo para alejar todo lo que se le da.

No sé cómo amar todo lo que soy.

Al reconocer que no sé cómo amar
renuncio a todo conflicto, carga y dificultad
por medio de entrar en el corazón de la rendición.

Tómate unos momentos para sentir los efectos de este mantra sanador.

Puede parecer contradictorio confesar lo más profundo de lo que no sabes o lo que no sabes cómo hacer. Y, sin embargo, puedes experimentar en tu cuerpo mucho espacio, una gran relajación y mucho alivio como resultado de cada confesión. Al aceptar lo que no sabes, el universo que hay dentro de ti que lo sabe todo y lo hace todo es llamado a actuar. En respuesta a un mantra como este, el universo resuelve a través de ti aquello que solo la gracia de tu sinceridad puede liberar.

Con cada reacción, confesión y «te amo», te liberas de un pasado doloroso para desprenderte de tus juicios inconscientes y permitir que el amor entre en tu mundo.

Incluso si no puedes hacer frente a determinados sentimientos o decir «te amo» por cualquier razón, tu viaje de sanación se expande cuando confiesas lo que no sabes cómo hacer. Nunca es malo no saber cómo hacer lo que no sabes cómo hacer. Esto se convierte en lo próxima que confesar, como una forma de recordarte adónde puedes enviar amor. Esto puede ayudarte a reconocer el verdadero significado del hogar. Cuando no lo limitamos a una ubicación o al tiempo que pasamos con nuestros seres queridos, el hogar es la comodidad que sentimos cuando invitamos a la honestidad a que libere nuestro corazón.

Abrazar tu naturaleza inocente

Tal vez ya estás sintiendo los profundos efectos de ser la fuente de tu propia aprobación amorosa. Tal vez ya puedes percibir lo ligero que te sientes cuando abrazas la honestidad a un nivel muy profundo. Sea cual sea tu experiencia, todo puede verse como un signo poderoso de la rapidez con que se transforma la vida una vez que nos reunimos con la belleza de nuestra naturaleza inocente. Cuando hablo de inocencia, me refiero a la vulnerabilidad que hay dentro de nosotros. Tal vez la has conocido como tu *niño interior*. Es esa parte que solamente siente, sin entender o necesitar entender lo que siente.

A veces, puedes ser consciente de esta vulnerabilidad después de una decepción, en medio de un cambio insufrible o cuando experimentas las turbulencias de un dolor inevitable. Ya que todo está orquestado con precisión por el universo, no es que estés siendo castigado o lastimado cuando entras en contacto con estas emociones incómodas. Pronto, puedes ser capaz de ver que cada confluencia de circunstancias ha sido dispuesta con el único objetivo de llevarte a una comunión más profunda con las incomodidades que sientes en el cuerpo. A menudo, es a través de la incomodidad como la vulnerabilidad interna se escucha más fuerte.

Es natural desarrollar una aversión a sentir emociones difíciles si se es consciente de la propia vulnerabilidad solo en los momentos de adversidad. Tal vez la historia de tus experiencias te ha mostrado que no es seguro morar en la vulnerabilidad. Tal vez cuando te mostraste más abierto en relación con tus sentimientos esto llevó a que los adultos te juzgaran, ridiculizaran, rechazaran o incluso castigaran, frustrados por su incapacidad de responder a tus inquietudes o de cambiar la manera en que te sentías.

Incluso puedes tener la sensación de que solo con que no hubieses expresado tus sentimientos todo habría ido bien. Por supuesto, todas las relaciones, interacciones y encuentros tienen lugar o dejan de tener lugar como catalizadores de la voluntad divina en acción. Aunque puede ser que no obtengas el resultado que esperabas, al final mirarás hacia atrás y verás que cada final fue el mejor resultado posible para todos los implicados. Hasta entonces, es esencial que te familiarices con la vulnerabilidad y sensibilidad de tu corazón sabio e inocente. Tal vez puedes visualizarlo como el niño que recuerdas haber sido en el pasado o incluso como el niño que nunca se te permitió ser. Tanto si ves tu inocencia como tu niño interior como si la percibes como una vitalidad primaria, reclama tu atención amorosa para que explores las más altas posibilidades. Estás destinado a llegar a este punto.

Al hacer las paces con los sentimientos incómodos, no tienes que intentar sentirte de una manera en particular como sea. En realidad, solo estás esperando evitar sentir más dolor y desesperación. Es natural que quieras evitar estos sentimientos, incluso hasta el punto de anticiparlos regularmente. Esto no es incorrecto. Puede no ser más que el siguiente de la fila al que amar. A través de este proceso, eres libre de admitir: «Está bien que no me guste sentir esto, y sin embargo está aquí, por lo que puedo hacer las paces con ello. Reconozco al que se siente de este modo como un niño que nunca actúa de la manera en que quiero que lo haga. Independientemente de cómo se comporte este niño, merece mi amor incondicional tanto como cualquier otra parte de mí».

Incluso si no puedes abrazar tus sentimientos o amar al que no puede abrazarlos, cada momento de vulnerabilidad inspira un mayor grado de honestidad como tu primera llave hacia la libertad. Esta mayor honestidad te permite enfocar tu atención en admitir lo que no sabes cómo hacer, incluida la confesión de que no sabes cómo amar una determinada parte de ti mismo.

A medida que la verdad te hace libre, con cada momento de honestidad, la amplitud o el alivio que sientes en el cuerpo te prepara para recibir el amor de una manera completamente nueva. A lo largo de este proceso, ni siquiera importa lo bueno que crees que eres a la hora de amar, puesto que el amor es una fuerza magnífica del poder divino que se cultiva por medio de invitarlo a menudo.

En el nuevo paradigma, es esencial hacer las paces con las propias emociones y dejar de estar atrapado en el ciclo de la búsqueda de un sentimiento en particular y evitar su opuesto. A medida que vayas despertando del mundo de la polaridad, dejarás de verte empujado hacia atrás y hacia delante por los altibajos de la vida. Esto significa que a un sinfín de beneficios no tienen que seguirles unas pérdidas sorprendentes, sencillamente porque has hecho las paces con ambos lados, y estás permitiendo que tanto el uno como el otro constituyan para ti la misma oportunidad de amar lo que surge. Desde este espacio de libertad renovada, las ráfagas de alegría son tan valiosas como los momentos de desesperación abrumadora. Tal vez no sepan igual, pero puedes reconocer que ambos son igualmente merecedores de un amor que solo tu corazón puede ofrecer.

Si bien de entrada crees que no puedes acoger ambos aspectos de la vida por igual, es bastante sorprendente lo rápido que puede cambiar tu actitud hacia las circunstancias cuando tu corazón se siente lo suficientemente seguro como para abrirse. Con el amor como guía, se te invita a hacer las paces con el verdadero propósito sanador de las emociones dolorosas, de modo que no tienes que ver como malo todo lo que sea distinto a sentirte bien. Por lo general, cuando etiquetamos un sentimiento como «malo» es como si estuviéramos diciendo: «Este es un muy mal momento para tener cualquier sentimiento que no sea bueno».

Cuando sentirse bien no depende de los resultados o las circunstancias, no hay ninguna ganancia o pérdida que se presente en nuestro camino por ninguna razón distinta de la de acompañarnos hasta nuestro siguiente nivel de consciencia. Tal vez te experimentas a ti mismo como un personaje de película que se encuentra con un sinfín de pérdidas solo para que puedas recordar una inocencia que está aquí con el único fin de que la abraces. En un intento de ayudarte a ser más consciente de esto, el universo organiza tu vida para que lleves tu atención a tu vulnerabilidad, que otras personas de tu pasado pueden haber olvidado, ignorado, abandonado o traicionado.

A lo largo de tu vida, puede haber habido casos en los que deseaste que las personas presentes en ella te hubiesen amado de otra forma. Tal vez te amaron tan profundamente como pudieron en ese momento, pero por alguna razón no fueron capaces de proporcionarte la aceptación y atención profundas que requerías. Cada una de las memorias en que el amor pareció ausente de tu vida está registrada en tus células. A medida que surgen las emociones, las que están listas para ser liberadas te recuerdan cómo te sentiste en unos momentos en que necesitabas totalmente el amor.

Como una forma de responder a la llamada de la inocencia, amar lo que surge te permite abrazar a tu niño interior como ninguno de tus padres pudo haberte abrazado. Al permitir que la liberación espontánea de las memorias celulares te recuerde que ese es el momento perfecto en el tiempo para convertirte en el mejor padre que tu inocencia podría llegar a conocer, ayudas a liberar más espacio para que emerja una nueva consciencia centrada en el corazón.

Esencialmente, estás utilizando cada reacción o sensación de dolor, malestar, frustración, miedo o discordia para ir atrás en el tiempo y amarte a ti mismo a lo largo de lo que ha sido tu vida.

Esta experiencia te ayuda a entender que el hecho de que estés ligado a tu pasado tiene un sentido profundo. Muchos estudiantes espirituales trabajan denodadamente para cortar sus vínculos con sus experiencias pasadas, pero estos vínculos no pueden desaparecer hasta que la parte que hay en uno que se aferra al pasado haya sido plenamente aceptada y amada. Esto también te ayuda a reconocer que la memoria celular que ha quedado registrada en las células de tu cuerpo constituye el verdadero significado del karma.

Muchos identifican el karma con la máxima que afirma que «todo lo que va, vuelve», lo cual a menudo sugiere venganza. En realidad, las experiencias de la infancia preparan el escenario para que regreses a visitar cada sentimiento reprimido y recuerdo rechazado como catalizadores del crecimiento espiritual. Ver tus sentimientos y recuerdos de esta manera no solo te ayuda a aprender cómo amarte incondicionalmente a ti mismo de la forma en que nadie más puede hacerlo, sino que también libera al planeta entero del dolor de los infortunios: tu sufrimiento se transforma en un regalo de salvación para todos.

Cada reacción viene a ser indicativa de un sistema de referencias cruzadas dentro del cuerpo celular. En lugar de hacer frente a todos los recuerdos uno por uno o necesitar seguir removiendo el pasado, cada sentimiento es como un imán que atrae todas las memorias celulares vinculadas con esa emoción. Por ejemplo, en un momento de tristeza, la inocencia que mora en tu corazón dice: «Saco a la luz todos los cúmulos de memorias relacionados con las ocasiones en que me sentí triste y no querida o no apoyada como deseaba. Te pido que me ayudes a liberar estos cúmulos por medio de amarme de la manera en que nunca he sido amada».

Con cada abrazo sincero, le das permiso a tu cuerpo para que libere los residuos celulares que están listos para su eliminación, sin que importen las circunstancias o acontecimientos que parecen haber activado esas emociones. Como siempre, todo aquello que surge como emoción ya está siendo arrastrado fuera de tu campo. Con el solo hecho de llevar tu atención a la parte del cuerpo en que notes la incomodidad, respirar lentamente en el centro de dicha incomodidad y responder amablemente a tu niño interior con atención amorosa, estás permitiendo que los desechos celulares salgan de tu campo a un ritmo más acelerado.

A medida que te tomas tiempo para reunirte con tu niño interior, lo cual puedes hacer tanto si se te activan emociones como si no, te haces consciente de un núcleo de vulnerabilidad que solo quiere que seas más atento, cariñoso y reflexivo de lo que fuiste nunca. Este núcleo de vulnerabilidad es tu verdadera naturaleza inocente. Cuando percibes la incomodidad, la sabiduría del universo revela tu mayor prioridad al recordarte que ese es el momento exacto en que te corresponde amarte a ti mismo en un nivel aún más profundo. Lo hace por medio de aparecer como la inocencia que hay en tu interior que reclama tu atención para que profundices en tu alineación consciente con la vibración del amor. El universo se viste como el personaje que crees que eres y es también el niño que mora en tu corazón a la espera de tu aceptación y aprobación. Esto forma parte del juego de rol de la voluntad divina, un juego cuyo objetivo es inspirar al amor a cobrar vida por medio de la belleza de la forma física. Esto nos recuerda que cada paso que damos hacia delante celebra la redención espiritual del universo, la cual tiene lugar cuando este se descubre como la inocencia suprema.

A medida que te vas dando cuenta de las implicaciones milagrosas que tiene tu vida, puede ser que una sensación de relajación confirme una verdad más profunda dentro de ti. Cada vez que experimentamos relajación esto acostumbra a ser una señal de que el niño interior se siente lo suficientemente seguro como para salir de su escondite.

A pesar de que el universo se hace pasar tanto por el niño que hay dentro de tu corazón como por su padre, la máxima expresión de la voluntad divina es que este niño interior emerja como el maestro que *tú* ya eres. Estás aquí en este planeta pasando por el proceso evolutivo que te conduce a ser un maestro espiritual, de la misma manera que una semilla crece hasta convertirse en una flor totalmente abierta. Si bien la semilla existe como el potencial vivo de ser una flor, mientras no se la planta y se le da permiso para echar raíces no puede convertirse en la verdad que siempre ha sido.

En esta reunión de inocencia cósmica, ya eres un maestro espiritual que encarnó para crecer y llegar a reconocer directamente su verdadera naturaleza eterna. Con el fin de revelar al maestro que tienes dentro, es esencial que permitas que el amor sea tu respuesta más natural. Cuando el amor no es tu reacción inmediata, contempla esto como una oportunidad para darle la bienvenida al siguiente de la fila y apoyarlo, quererlo y abrazarlo.

2

Un maestro revelado

Hasta donde alcanza mi memoria, siempre he sido lo que podríamos llamar un *émpata* (alguien que es capaz de sentir como propia la actividad emocional que tiene lugar en los cuerpos de los demás). Si bien tuve habilidades empáticas sobresalientes desde una edad muy temprana, no procuré perfilarlas ni vehicularlas en modo alguno. Como resultado de ello, estaba abierto; no paraba de sentir la energía del mundo y de lo que estaba sin resolver en los cuerpos de quienes se encontraban a mi alrededor. En un intento por comprender mis experiencias, malinterpreté inocentemente que lo que sentía en la otra persona era en realidad la opinión que esa persona tenía de mí. Esto me llevó a pasarme la mayor parte de la infancia tratando de animar a todo el mundo. Durante muchos años, pensé que si cambiaba la forma en que sentían los demás, esto permitiría que yo les gustase. En realidad, ya les gustaba a los demás, pero nunca pude llegar a admitirlo del todo.

A pesar de los esfuerzos que hacían todos para ofrecerme su aprobación y validar mi existencia, no podía aceptar realmente que les gustara. Esto se debía a la confusión que experimentaba al percibir que los sentimientos que tenían no se correspondían con las palabras que emitían. Recuerdo estar cerca de niños y adultos que me sonreían pero que, sin embargo, yo sentía que alojaban mucha tristeza y rabia en su interior. A menudo pensaba: «¿Soy yo la causa de su tristeza? ¿Están enfadados conmigo? ¿He hecho algo que les haya molestado?».

A lo largo de mi infancia, la pregunta que hice más veces fue: «¿Estás enojado conmigo?». Por supuesto, muchos años más tarde supe que estaba recogiendo, de forma intuitiva, capas de escombros emocionales presentes en el campo de la otra persona. Al igual que muchos niños energéticamente sensibles, pasé la primera fase de mi vida atrapado en un ciclo de codependencia vibratoria.

Sentía lo que experimentaban todos los demás y no podía relajarme hasta que notaba a todos quienes estaban a mi alrededor más a gusto. Era una forma de vivir agotadora, pero parecía que tenía una misión. Por alguna razón, para mí era más importante ayudar a los demás a sentirse mejor y contemplar los misterios del universo que cualquier otra cosa que el mundo tenía por ofrecerme.

Crecí en una familia muy cariñosa y tuve una infancia maravillosa en muchos aspectos, pero en gran medida era un adulto en el cuerpo de un niño. A menudo me resultaba demasiado difícil convivir con la energía frenética de los de mi edad; siempre prefería ser el único niño que se hallase en el patio. Tan pronto como una banda de niños salvajes invadían los columpios, yo me iba de allí. Mirando hacia atrás, veo que estaba asustado por la energía que percibía dentro de ellos y que me sentía intimidado por lo duro que jugaban. Mi forma de divertirme era mucho más pasiva. Me encantaba recrearme en la alegría de la imaginación y hablar con los adultos.

Siempre que los adultos se referían a los aspectos más profundos de la vida sentía que la energía de la estancia se volvía más expansiva. No sabía lo que estaba ocurriendo, pero me gustaba cómo me hacía sentir. Esto hacía que me sintiese atraído por cualquier cosa que provocase un cambio de este estilo en la energía. Parecía como si la expansión de la energía me permitiese sentirme por fin relajado.

Cada vez que era capaz de experimentar esta relajación tan profunda dejaba de estar tan abrumado por los sentimientos de los demás o ya no tenía la necesidad de hacer que se sintiesen mejor.

Un malentendido empático

Estas expansiones espontáneas de la energía fueron las primeras de las muchas experiencias místicas inexplicables que tuve. Al igual que muchos niños naturalmente intuitivos, estaba abierto y receptivo a los reinos superiores del universo; para mí, eran una característica más de la vida. Cuando empecé a hablar de mis experiencias, me sorprendió saber lo únicas que eran. Esto me confundió y asombró infinitamente. ¿Cómo era posible que nadie más fuese capaz de ver y sentir lo que yo estaba sintiendo y viendo con tanta claridad?

A pesar de estas experiencias, que se iban repitiendo, recuerdo que sentía muy a menudo pesadez en los corazones de los demás. Y solía pensar: «Esto es lo que deben de sentir hacia mí». Según mi forma de pensar, si me aceptaban tanto, ¿por qué no me sentía a gusto? En esos tiempos no tenía ni idea de que su malestar no tenía nada que ver conmigo sino que evidenciaba la forma en que percibían que los veían quienes tenían alrededor.

Cuando los niños se encerraban en sí mismos, a menudo me sentía rechazado; no entendía qué estaba realmente captando. Si no hubiera insistido tanto, en mi inocencia, en considerar que su experiencia tenía que ver conmigo, podría haber escuchado que su corazón decía algo así: «Cada vez que me muestro tan abierto como tú con mi familia, suceden cosas malas; me meto en problemas y me castigan. Por lo tanto, he llegado a asociar el hecho de estar abierto con no sentirme seguro».

Comparto esto contigo porque quizá tú también eres empático y te hallas en un viaje similar. Puede ser doloroso, abrumador y confuso no saber cómo transitar por un mundo en que puedes verte inundado por la pesadez emocional de los demás, sobre todo si desconoces cómo permanecer en tu propio campo de experiencia, cómo conservar tu propio espacio y cómo sostener la consciencia que estás generando sin verte distraído por los patrones que otras personas están resolviendo dentro de sí mismas.

Como seres empáticos, a menudo sentimos los bloqueos y barreras que hay en los corazones de nuestros familiares, pero lo malinterpretamos como demostraciones de que no nos quieren lo suficiente. Esto puede llevarnos a sentir que no debemos de ser lo suficientemente dignos de ser amados. También puede conducirnos a creer que tal vez no hemos trabajado lo bastante duro como para ganarnos su aprobación. Por supuesto, lo que estamos haciendo, en nuestra inocencia, es culparnos a nosotros mismos por las experiencias de los demás.

En muchos casos, todo lo que sabemos es esto: «No siento lo que quiero sentir, y voy a hacer todo lo posible para liberar de sus cargas a las personas de mi alrededor para que no haya nada que les impida quererme como deseo ser querido».

De resultas de no entender la codependencia vibratoria, me pasé la mayor parte de la infancia tratando de resolver la confusión emocional de cualquier persona a la que veía. Si no era capaz de animar a quienes me rodeaban, interpretaba que esto significaba que no era lo suficientemente bueno.

Comparto esto para ayudarte a que dejes de culparte a ti mismo por el camino de los demás. Cuando nos sentimos afectados por sus cargas o limitados por lo que no nos pueden proporcionar, esto puede servirnos como un recordatorio de que merecemos más amor, no menos.

Entrar en el jardín

Mientras la codependencia vibratoria inundaba mi vida, experimentaba repetidamente unas experiencias místicas que convirtieron con rapidez mi infancia en un misterio que estaba decidido a resolver. Recuerdo hallarme junto a un grupo de adultos y decir algo que sorprendió a todos y los dejó mudos. Parecieron sorprendidos por la sabiduría que pareció fluir de mí sin ningún esfuerzo por mi parte, pero yo no tenía ni idea de lo que había dicho. Cuando me preguntaron cómo sabía aquello, mi respuesta fue:

—Es como si me lo hubieran susurrado al oído.

El grupo de adultos se maravilló de la respuesta que les había dado a mis siete años de edad, pero yo desconocía por qué estaban tan asombrados; ni tan siquiera sabía el significado de las palabras que había pronunciado. Este fue el primero de muchos casos en los que dije cosas que asombraron a los demás sin tener ni idea de lo que decía. Al igual que muchos niños naturalmente intuitivos, no tenía la madurez suficiente para entender la condición humana o para reconocer la profundidad de la comprensión que emergía de mi joven yo.

En esa época, me sentía atraído por cualquier tema que provocara un cambio energético. Recuerdo haberme encontrado con libros sobre ovnis y percepciones extrasensoriales. Cuando mi energía interior comenzó a cambiar con solo explorar cada página, enseguida me sentí fascinado por todos los ámbitos de la fenomenología paranormal. Por alguna razón inexplicable, la idea de mover objetos con la mente, volar e incluso viajar en el tiempo me parecía extrañamente familiar. Mientras muchos niños soñaban con convertirse en deportistas de élite en el campo de fútbol o la cancha de baloncesto, yo me entrenaba para ser otro tipo de «deportista». Mi deporte consistía en aprovechar el poder ilimitado de la mente.

Recuerdo que estaba muy fascinado por el misterio de los superpoderes psíquicos. No era que estuviese decidido a demostrar que cualquiera de estas habilidades era real. En mi fuero interno, yo ya sabía lo reales que eran, y la expansión energética que sentía cuando las experimentaba me tranquilizaba. En todo caso, la duda y el escepticismo que mucha gente manifestaba hacia estos temas me hacían sentir como si estuviera viviendo en el planeta equivocado.

Algunas de las experiencias místicas más cruciales las tuve a los diez años. Recuerdo que un pequeño muro de ladrillo separaba la casa de un amigo de la propiedad de sus vecinos. En una ocasión en que estaba pasando junto al muro, algo me llamó la atención y me paré en seco. Me quedé mirando el muro. En mi mente, oí una voz que decía:

—No soy el muro. No soy este cuerpo. Soy el espacio que hay entre ello.

A una edad tan temprana, no tenía ni idea de lo que significaba esto. Sentí que lo sabría en algún momento del futuro, pero en aquel instante no tenía la madurez o el conocimiento suficientes para reconocer el mensaje que se me había dado.

Poco después de este mensaje, tuve una de mis experiencias más transformadoras, en lo que pensé que era un sueño. Cuando empezó, me encontré inmediatamente en el jardín más hermoso que había visto jamás. Los colores eran muy vivos. Era como si varias tonalidades de luz se desparramaran en todas direcciones. Fue una experiencia absolutamente surrealista y me sentí más amado que nunca. No recuerdo haber sentido claramente la emoción del amor en mis primeros años, y lo que experimenté en esa ocasión no tuvo nada que ver con el apoyo amoroso que mis padres siempre me habían proporcionado.

Conocía el alivio de la paz que experimentaba siempre que la energía se expandía, pero nunca había sentido verdadero amor ni lo había echado en falta. Hasta donde puedo recordar, la sensación predominante que había experimentado con mayor frecuencia era la inmensidad, la cual sentía como un vacío que ni estaba lleno ni le faltaba nada en absoluto. Pero en esta ocasión, mientras contemplaba el jardín, al instante me sentí como en casa y lleno de una innegable seguridad y apoyo.

Delante de mí, pude ver un campo de flores tan altas que me llegaban hasta la cintura. Cuando empecé a desplazarme por entre la tupida vegetación, de pronto me di cuenta de que también estaba flotando por encima de él. No sé cómo podía estar teniendo dos experiencias a la vez o incluso por qué podía flotar por encima de las cosas. Esto no parecía ser significativo; lo realmente importante era que la intensidad del amor me acogía con una dulzura extraordinaria. Mientras flotaba hacia el centro del campo, vi a otro ser que también estaba flotando, a unos seis metros de distancia. Se trataba de un hombre que tenía el cabello oscuro y barba y llevaba una túnica blanca que le cubría hasta los pies. Por alguna razón, le sentí muy familiar y sabio. Me hizo un gesto para que me acercara, pero me quedé inmóvil.

Momentos después, empecé a flotar espontáneamente hacia él. Cuando llegué a estar casi a un metro y medio de donde se encontraba, pude ver sus ojos, que no tenían pupilas. Era como si un río de luz blanca saliera de ellos. Esto me hizo pensar en las películas de terror que había visto en que salían personas con los ojos en blanco. Pero ¿por qué pensé en algo así durante esa experiencia? El solo hecho de tener ese pensamiento interrumpió el flujo del momento. Recuerdo que caí a través del campo de flores y después por el cielo, hasta que regresé súbitamente a mi cuerpo. No fue hasta que caí en el cuerpo cuando me di cuenta de que lo había dejado.

Mi respiración era pesada, y estaba a la vez helado y bañado en sudor. Cuando intenté procesar esta experiencia, vi al mismo hombre que había estado flotando sobre el campo de flores. Esta vez permanecía de pie en el umbral de la puerta como un esbozo de energía de color blanco tiza.

Por el rabillo del ojo, vi que me hacía señas para que me acercase una vez más. Cuando lo miré directamente, desapareció de pronto.

Esta experiencia, naturalmente, me dejó con más preguntas que respuestas. Aun así, el sentimiento de amor que experimenté en el jardín fue tan grande que sigue siendo igual de fuerte y perceptible en el centro de mi ser después de todos estos años.

Hablé de esta experiencia con mis padres el día después de que tuviera lugar, y se mostraron cada vez más interesados con cada detalle que les contaba. Cuando hube acabado, mi padre recordó una experiencia muy semejante que había vivido durante una meditación unos treinta años antes. Recordó, como yo, que dejó su cuerpo, entró en un jardín, flotó por encima de un hermoso campo de flores y se encontró con un ser que llevaba una túnica blanca.

Esto me ayudó a confirmar que existe una profunda interconexión que no necesitamos entender para explorarla. A partir de ese momento, me sentí lleno de una sensación de asombro y maravilla que lo abarcaba todo. El amor que sentí en el jardín parecía guiar cada una de mis respiraciones.

Guiado por el amor

Ese mismo día, más tarde, tuve otra experiencia increíble mientras caminaba hacia la casa de un amigo. De repente percibí, con mi visión periférica, que había más de esos seres difusos con la energía de color blanco tiza caminando a ambos lados de mí. Cuando vi esto, el instinto me dijo que eran guías espirituales, que iban a acompañarme en todas las etapas de mi vida. Por alguna razón, no me resultaba raro o emocionante; tan solo extrañamente familiar. Sabía que estaba a salvo con ellos y que eran dignos de confianza, ya que emanaban la misma vibración de amor que recordaba haber sentido en el jardín. Esta fue la primera vez en que tuve un conocimiento profundo y claro sin que supiese de dónde venía mi certeza repentina. Cuando entré en la casa de mi amigo, vi un cuadro colgando en la pared de su sala de estar. Recuerdo que le dije:

—¡Lo conozco!

Mi amigo respondió:

—Sí, Mat. Todos lo conocemos. Es Jesús.

—Lo conocí anoche —le dije con absoluta certeza.

Mi amigo me miró:

—¡Vamos! Tú no te encontraste con Jesús.

Recuerdo que sentí la irrefutable certeza de que *sí* lo había conocido, pero a la vez no entendía por qué encontrarse con Jesús parecía algo tan inapropiado o incomprensible. ¿Había roto sin querer una regla de oro del universo? ¿Significaba esto que no podría volver a celebrar el Janucá nunca más?

A pesar de estas preguntas, tuve la certeza de que se me revelarían muchas respuestas en los próximos capítulos de mi vida. Todo lo que tenía que hacer era permanecer atento mientras los guías me acompañaban amorosamente a cada paso. No era como si estuvieran allí para darme todas las respuestas, sino que aliviaban mis incertidumbres por medio de ayudarme a darme cuenta de que todas las experiencias estaban entretejidas en un flujo perfecto, independientemente de su desenlace.

Esto me permitió abrazar cada momento de forma natural en un nivel existencial, aunque mientras tanto estuviera viviendo en la piel de un personaje que a menudo se sentía de todo menos bien.

Al cabo de poco olvidé incluso que los guías estaban allí, ya que la adolescencia acaparó la mayor parte de mi atención. Muy poco después de cumplir los dieciocho años, los guías empezaron a hablarme. Recuerdo la primera vez que ocurrió esto. Era como si una voz resonante surgiera desde el centro de mi cuerpo. No tuve miedo, porque esta voz contenía la vibración de amor que recordaba haber experimentado muchos años atrás. Lo primero que escuché por parte de la voz fue:

—No eres quien crees que eres.

Por alguna razón, mi respuesta inmediata fue:

—¿Y quién diablos eres tú?

Desde ese momento, empecé a mantener diálogos con mis guías espirituales a diario, sentado en mi habitación. Se presentaron como maestros ascendidos y arcángeles. Cada uno acudía con un color distinto que simbolizaba su frecuencia vibratoria y me proporcionaba imágenes mentales para confirmarme con quién estaba hablando.

Por más distintos que parecían ser los diferentes arcángeles y maestros ascendidos, todos ellos transmitían una energía amorosa. Esto hizo que me sintiera seguro a la hora de abrirme a ellos. También empecé a notar que estos diálogos me estaban ayudando a afinar mis habilidades intuitivas. Era como si esas conversaciones me estuvieran ayudando a elevar mi antena y ajustar el dial para recibir la señal más clara.

Cada vez que me comunicaba con un arcángel o un maestro ascendido recibía una visión simbólica de su mensaje. Al mismo tiempo, oía sus puntos de vista con tanta claridad como si estuviera hablando con alguien por teléfono. Mientras esto ocurría, también tenía sensaciones en el cuerpo que me proporcionaban descargas adicionales de información. Esto me ayudó a entender que poseía las capacidades intuitivas de ver, oír y sentir, las cuales parecían trabajar conjunta y armónicamente en pro de un saber espontáneo.

Me di cuenta de que de alguna manera me estaban preparando, pero ¿para qué? La respuesta no fue evidente enseguida, pero comenzó a revelarse en los lugares más insospechados. Procedente de la nada, recibía una descarga repentina de información y era guiado a acercarme a alguien desconocido y entregarle un mensaje.

Cada vez que ocurría esto, tenía mucho miedo de verme juzgado o rechazado, y también de brindar un mensaje que el otro no pudiese entender. Recuerdo que pensaba: «¿Y si todo lo que ocurre es que estoy loco y ni siquiera lo sé?». Afortunadamente, como la inspiración era tan fuerte, no dudé nunca en entregar un mensaje; me sentía como si fuera a sufrir un ataque al corazón si no lo compartía. Esto me ayudó a superar mi miedo al rechazo y mis dudas. Cada vez me resultó más fácil comunicar los mensajes, ya que cada uno desencadenaba momentos de transformación muy potentes.

Desde mi perspectiva, era como entrar en la caja de bateo con un bate en la mano y no saber qué hacer con él, hasta que, de repente, alguien te lanza una pelota. Antes de que puedas siquiera pensar, tu cuerpo balancea el bate y golpea la pelota, que sale fuera del terreno de juego. Mientras todos aplauden tu hazaña, tú sigues desconcertado por el hecho de que todo parece salir perfectamente bien cada vez, aunque no sepas cómo o qué estás haciendo tú para que ocurra.

A partir de ahí, fui guiado a librerías espirituales para entregar mensajes espontáneos. Recuerdo que en una ocasión llamé la atención del dueño de la tienda, que me preguntó si podía ofrecer lecturas intuitivas. La sensación de mi cuerpo respondió con un «sí» rotundo, porque por lo visto eso era lo que tenía que hacer. Unas personas se sentaron conmigo y durante medio segundo no tuve ni la más remota idea de qué hacer. Entonces todo comenzó a fluir, como un mecanismo de relojería.

Si bien el hecho de entregar cada mensaje me liberaba de sentirme como si estuviera a punto de tener un ataque al corazón, seguía sin tener ni idea de lo que estaba sucediendo. Pero como estar en el flujo de la energía me hacía sentir muy bien y todo el mundo obtenía tanto de ello, seguí adelante.

Al cabo de dos meses, era un lector destacado en las ferias psíquicas y atendía clientes de forma regular. Para mi sorpresa, la mayor parte de las personas que querían mi ayuda eran también lectoras y sanadoras.

Era como si no pudiesen explicarse cómo lo hacía para canalizar mensajes de una manera tan clara y convincente. Pero mientras todos los demás parecían asombrados, la mayor parte del tiempo yo estaba aterrado. Me limitaba a seguir la orientación que me proporcionaban y a permitir que el sentimiento de amor me llevase.

Al principio daba mensajes a individuos, pero pronto empecé a impartir enseñanzas a grupos. Era como si cualquier reunión de personas creara un alma grupal en que se me guiaba intuitivamente a ofrecer enseñanzas que resonaban en la vida de todos los asistentes. En esos momentos estaba empezando a sentirme más cómodo en ese papel. Confiaba en el hecho de que algo que no puedo explicar estaba ocurriendo de forma regular con el fin de mejorar la vida de todos aquellos con quienes me encontraba.

La exploración de los Registros Akáshicos

Fue durante este momento de aceptación cuando me llamaron a reunirme con los arcángeles y maestros ascendidos. Tenían algo maravillosamente importante por compartir que me provocó una sensación de emoción en el cuerpo. Me pidieron que cerrara los ojos y al hacerlo mi consciencia se vio inmediatamente trasladada a otro lugar. Tan pronto como llegué lo que vi se parecía al Monumento Conmemorativo a Lincoln; había unas enormes columnas blancas.

La intuición me dijo que había llegado a los Registros Akáshicos. Desde mi punto de vista, parecían consistir en una enorme biblioteca. Me dijeron que cada libro que veía contenía los contratos del alma de cada vida y cada encuentro personal. Una vez que la sabiduría relacionada con cada contrato es plenamente comprendida y absorbida por la persona, el maestro ascendido o arcángel a quien se ha asignado el viaje de esa alma elimina dicho contrato del libro de esa persona. Este proceso parece una ceremonia de graduación recurrente que da constantemente la bienvenida a episodios totalmente nuevos de crecimiento y expansión en la vida de cada uno.

Mientras estaba recibiendo esta descarga instantánea de información, subí las escaleras y me dirigí a una mesa de luz brillante que había junto a la entrada. Los arcángeles y maestros ascendidos estaban allí de pie regocijándose por mi llegada. Recuerdo que pensé que todo eso era muy surrealista.

Mientras permanecían delante de mí radiantes de admiración, tuve la impresión de que estaba a punto de pasar a un nuevo nivel. Esto era cierto, pero no tenía ni idea del nivel de la revelación que estaban a punto de mostrarme.

Casi a la vez, se llevaron las manos debajo de la barbilla y se quitaron *las caras*, como si se tratase de máscaras como las que usamos en las fiestas de disfraces. Debajo de cada máscara había un reflejo de *mí*. Recuerdo que cuando vi esto jadeé. «¡Todos son yo!», pensé. Pero tenía la sensación de que había algo que no encajaba.

—No lo entiendo –me apresuré a decir.

Somos tú y estamos despertando a tu maestro interior

Mi guía principal, Melquisedec, me llenó con la siguiente respuesta:

—No somos solamente aquello en lo que te estás convirtiendo. Somos aquello en lo que ya te has convertido. Somos agentes de la Divinidad que han retrocedido en el tiempo para visitarnos a nosotros mismos en nuestra infancia espiritual.

Cuando oí esas palabras, una pesadez con la que había estado cargando durante toda la vida sin saberlo abandonó mis hombros. No fue como si pensara: «Háganse a un lado, damas y caballeros, que está llegando un maestro ascendido», sino que esta experiencia me ayudó a ver que cada individuo, por más buen corazón que albergase o más emocionalmente herido que estuviese, era una semilla de divinidad que estaba creciendo con el fin de llegar a realizar su verdadero potencial como maestro. A partir de ese momento supe que mis talentos intuitivos serían usados para servir al más alto destino del universo por medio de despertar al maestro presente en cada corazón.

Honro nuestro encuentro intemporal y estoy encantado de compartir estas potentes comprensiones como una forma de celebrar el despertar de tu maestro. Lo sepas o no, el misterio de tu propia existencia te ha estado invitando a que acudas a tu interior desde los albores de la creación. Con el amor como guía, ahora es el momento de que respondas la llamada.

Puesto que tu vida ya te ha preparado para explorar las etapas más emocionantes de la evolución espiritual, nuestro viaje continúa con un profundo suspiro de alivio. Sean cuales sean los detalles o circunstancias que acaparan tu atención, la luz de tu potencial más elevado puede ahora revelarse.

Cinco sencillas palabras

A pesar de todas estas experiencias, creo que mi viaje espiritual no comenzó hasta los veinticinco años. Antes de esa nueva etapa había sido un niño muy empático con capacidades intuitivas acusadas, y había tenido muchas experiencias claras de despertar que muchas personas a día de hoy siguen persiguiendo. Pero a partir de entonces me di cuenta de algo. Supe que por más experiencias místicas que hubiese tenido, por más profundamente que pudiese sentir lo que sentían los demás o por más claramente que pudiese transmitir mensajes que afectaban a tantas vidas de forma positiva, todo esto no constituía puntos de referencia reales de mi evolución espiritual. Empecé a ver que a pesar de mis capacidades seguía luchando y lidiando con la vida de la misma manera en que lo hacían quienes no habían tenido estas experiencias.

Esto me ayudó a adoptar la perspectiva de que si bien estaba teniendo estas experiencias trascendentes, no podía definirme a partir de ellas en modo alguno. Pasé a estar convencido de ello en mi fuero interno. Así pues, debía contar con un nuevo punto de referencia espiritual.

No tardé en ver que la frecuencia con que luchaba o lidiaba con la vida era indicativa de lo poco a menudo que confiaba en el plan divino. A medida que fui compartiendo los mensajes que me llegaban de manera intuitiva con grupos más grandes, algo más profundo fue floreciendo dentro de mí.

Durante esta época, recuerdo que me dirigí al universo y le pedí:

—Que pueda ser un conducto de la consciencia despierta. Que pueda sanar lo que no está resuelto en todos los corazones y que pueda llevar a cabo lo que finalmente satisfará mi deseo de ser quien ya soy.

A los pocos días, me llegó una respuesta en el transcurso de un diálogo que sostuve con el universo en forma de cinco sencillas palabras:

—Ama todo lo que surja.

Al estar abierto para mí el canal de la comunicación, pude haber pedido algunas aclaraciones. Por otro lado, es muy interesante el hecho de que cuando uno puede pedir orientación en cualquier momento dado, a menudo la experiencia más extraordinaria es seguir adelante sin preguntar. Es como olvidar el final de una película que ya se ha visto con el fin de poder volver a experimentarlo por primera vez.

En realidad no quería saber lo que significaban estas cinco palabras; solamente deseaba probar con ellas, para ver lo que se revelaba. Así que las tomé literalmente:

—De acuerdo, universo: «Ama todo lo que surja».

En un paseo que di por mi barrio, vi una bandada de pájaros volando y pensé: «Bueno, esto me ha llamado la atención; es lo que está surgiendo», así que dije:

—Os amo.

Una parte de mí no sabía si se trataba de esto, pero me limité a seguir mi impulso (sentí que el amor del jardín me inspiraba a avanzar en esa dirección).

Seguí caminando por el barrio y vi a un trabajador que estaba usando un martillo neumático en una obra. Esto me sorprendió, y pensé: «Bueno, esto es lo que está surgiendo ahora. ¡Ámalo!», así que le envié un silencioso «te amo» a ese trabajador.

Continué enviando amor a todo lo que me llamaba la atención. A medida que lo fui haciendo, empecé a ver a cada persona, objeto y lugar como obras de arte expuestas en el museo de la Divinidad, en el que yo era tanto un visitante como una de las obras de arte exhibidas. Cuanto más amor mandaba a todo aquello que capturaba mi atención, más sentía que el amor del jardín cobraba vida. A medida que iba ofreciendo amor me iba dando cada vez más cuenta de quién soy realmente: una expresión inocente de la voluntad divina, y no una persona en busca de ella.

Al seguir las instrucciones de estas cinco sencillas palabras, me di cuenta de que yo era un liberador eterno de la vida, en lugar de ser alguien que espera ser liberado de las trampas de la vida. Enseguida empecé a ver que todo en la vida es orquestado por la inteligencia más elevada. Momento a momento, el universo no hace más que presentarnos experiencias que desencadenan en nosotros emociones que nunca han sido amadas por nadie. A medida que amaba estas sensaciones en mi cuerpo, pude sentir intuitivamente que estaba abrazando los sentimientos que hacía sin resolver en todos los cuerpos. Empecé a ver que a medida que me sanaba a mí mismo iba transformando el tejido de la realidad por el bien de todos.

A pesar de haber tenido muchas experiencias transformadoras de despertar, esta práctica fue la más satisfactoria de todas. Incluso satisfizo el hambre constante de mis deseos espirituales más profundos. Cuanto más amaba todo aquello que me llamaba la atención, más intenso se revelaba mi despertar. Recuerdo otra ocasión en que ocurrió esto en el transcurso de otro paseo por el barrio: fue como si hubiese salido a dar la vuelta a la manzana y aquel que empezó a caminar nunca hubiese regresado.

Mientras mi cuerpo rodeaba el vecindario, aquel que yo pensaba que estaba dando cada paso no volvió. Era consciente de estar respirando, moviéndome y sintiendo, pero no había nadie definido que lo estuviera experimentando. No había más que experiencias que surgían dentro de un espacio rebosante de la sensación de estar en el jardín. Ni tan siquiera tenía la sensación de que esa era una experiencia increíble, puesto que no había nadie que pudiera describirla como buena, mala o de cualquier otra manera. Lo único que recuerdo cuando ocurrió esto fue que parecía como si la Tierra hubiera dejado de moverse o como si el tiempo hubiera desaparecido de repente. Lo más sorprendente de todo fue lo natural que sentía esto, a pesar de no saber por qué ocurría. Ni tan siquiera tenía la necesidad de cuestionarlo, examinarlo o entenderlo.

Poco después de esta experiencia, oí una explosión. Al investigar si se había tratado del ruido de un disparo, me di cuenta de que ese sonido se correspondía con algo que había estallado dentro de mi cabeza. Pero no me invadió el miedo o el pánico; permanecí abierto, con naturalidad. Cuando tuvo lugar la explosión fue como si todo sentido del mí mismo rezumara por mis orejas como una luz líquida y caliente.

A partir de ese momento dejé de tener la sensación de ser una persona que se hallase en ningún lugar ni rodeada de cosas. Esta experiencia, más profunda que la que tuve caminando por el barrio, hizo que todos los puntos de referencia acerca de lo que soy y lo que no soy dejaran de existir por completo.

Aun así seguía habiendo un «yo», un yo infinito que no era más que resplandor disfrazado de forma. Este «yo» estaba aquí para evocar la divinidad de los demás, como una manera que tenía el universo de jugar conscientemente en el éxtasis de su propia gracia inmaculada.

Por más maravillosa que pareciese ser esta realización, no era como si el «yo» hubiese eclosionado de alguna manera de tal modo que esto significase su final. Si algo ocurrió fue que la frecuencia de estas experiencias aceleró, sin un final previsible en cuanto a lo que se iba revelando. En este punto de mi viaje, no sabía que estas experiencias eran solo el comienzo de un mayor reconocimiento de la verdad que tuvo lugar unos años más tarde. A medida que el proceso fue avanzando, fue honrando todo lo que había aprendido por medio de mostrarme una profundidad de claridad que convirtió en obsoleto todo lo que sabía.

La finalidad de esto no fue destruir los conocimientos que había atesorado. En lugar de ello, me ayudó a emerger en un nivel completamente nuevo de consciencia en que yo ya no estaba limitado por ningún grado de conocimiento o agobiado por la sabiduría que había aprendido previamente.

Por si no fuera lo bastante surrealista lo compartido hasta entonces, un profundo despertar, incluso mayor que los que acabo de describir, se produjo cuando tenía veintisiete años mientras me hallaba cenando en el restaurante de un centro comercial. De repente, todo empezó a cambiar. El sonido de las voces de los clientes que estaban sentados en las otras mesas comenzó a resonar en mis oídos. Era como si todos ellos fueran expresiones de mi propia consciencia y apareciesen a mi alrededor como en una obra de teatro llena de distintos personajes.

Empecé a mirar alrededor, a la gente de las mesas cercanas, y percibí que cada rasgo físico y cualidad emocional parecían extrañamente embellecidos. Era como si todo el mundo estuviese moldeado con la «arcilla» de esa extraña energía. Los sonidos contenidos en cada risa parecían amplificados a todo volumen. Recuerdo que miré a todas esas personas y pensé: «¡Están tratando con tanto esfuerzo de permanecer en su personaje!, pero esto no es lo que son en absoluto». Era como si su identidad humana se hubiese convertido en una fachada de falsedad en que todo el mundo se estaba esmerando para sostener algún tipo de mentira cósmica.

Después de haber pasado por muchos despertares en el pasado, sabía que no debía poner demasiado énfasis en este pensamiento, sino permitir que la experiencia siguiese desplegándose. A pesar de esto, pensé: «Si este es el culmen de la realización, seguro que he ido demasiado lejos. ¿Cómo voy a manejarme viendo el mundo de esta manera y cómo voy a seguir cenando sin enloquecer por completo?».

En ese momento, la camarera me sirvió los tacos de pescado que olvidé que había pedido. Al mirar el plato, vi las partículas de energía vibratoria que ofrecían el aspecto de un plato de alimentos sólido. Vi esas mismas partículas en la mesa, en mi cuerpo y en todos los presentes en el restaurante. Pronto, esas vibrantes partículas parecieron ser como una manta de energía sin forma en que todo aparecía de alguna manera dentro de un campo de energía nebuloso y omniabarcante.

Empecé a reírme de la simultaneidad que estaba aconteciendo. Ahí estaba yo comiendo un plato de tacos de pescado, mientras que en un nivel enérgico no estaba ocurriendo nada en absoluto. Las parejas podían reírse, los bebés podían llorar, a los camareros se les podían caer bandejas enteras de comida y nada perturbaba el campo de energía. Mi perspectiva cambió por completo. En lugar de ver la energía dentro de todas las cosas, vi que todas las cosas se manifestaban como energía.

En el transcurso de este cambio de percepción, ya no veía que la energía surgiera de cualquier lugar imaginable. Incluso estaba libre del punto de vista por el cual no había «ninguna persona» ahí viendo nada de eso; incluso esta comprensión, que había conservado como valiosa, había cedido. En lugar de ello, sencillamente me maravillé de la obra que representaba la humanidad, ubicado en un punto de vista energético indescriptible. Vi al mismo tiempo todas las perspectivas, incluida cada comprensión espiritual, como aspectos igualmente únicos del juego divino de la vida.

Empecé a ver a cada persona como una forma creativa en que la energía se estaba expresando a sí misma. Puesto que estaba viendo todo esto desde una posición energética, me di cuenta de que *mi «yo» era todo el campo de energía*. Al ser esto así, cada persona, objeto y lugar celebraba mi propio potencial infinito en forma física.

No era la sensación de «yo estoy haciendo esto» a partir de creer en el control personal. Fue una comprensión directa de que «yo» era sinónimo del *eterno uno que está en todos*. En perfecta sincronía con el momento, la camarera se acercó a mi mesa y me preguntó cómo estaban mis tacos de pescado. Me reí y le dije:

—¡Increíbles!

Sonrió y avanzó hasta la siguiente mesa, mientras yo me apoyaba contra el respaldo y me maravillaba ante la ironía cósmica de la vida.

Imagínalo: ella está teniendo su experiencia de un cliente satisfecho mientras yo estoy viendo cómo el universo entero cobra vida en un restaurante en que los demás están comiendo y conversando.

Ahí me di cuenta de que todos nosotros nos encontramos viviendo en nuestros propios mundos, cada uno de los cuales es único, mientras interactuamos dentro del mismo espacio eterno. En ese momento decisivo reconocí las dos caras de la verdad: *somos uno en esencia, pero permanecemos diferentes como individuos*. Entre estos dos extremos, nuestro camino se revela.

En el momento en que alcancé esta comprensión tan definida, la experiencia siguió desplegándose más allá de todo lo que había conocido nunca o pude nunca imaginar. Finalmente, tuve la intuición de que me convenía ir a casa y descansar. Sentí que pasaría la noche integrando esa potente experiencia en un nivel energético. Afortunadamente, no conducía yo.

Recuerdo que caminé hacia el coche sintiendo la atracción gravitatoria de la órbita de la Tierra con tanta fuerza que tenía que agarrarme a otros coches mientras avanzaba por el aparcamiento. Tan pronto como llegué a casa, me envolví en una manta y di el día por acabado. Supe intuitivamente que mi vida nunca volvería a ser igual, por lo que me limité a permitir que el universo hiciera lo que tenía que hacer.

Llegado este punto, todo se disolvió en la nada. Dejé de existir en ningún tipo de mundo. Yo no era nada. Como la nada que era, sentí olas intermitentes de éxtasis y terror. Al explorar estas sensaciones, me di cuenta de que en realidad no estaba experimentando éxtasis o terror. Fue el recuerdo de cómo era la vida en comparación con cómo eran las cosas en ese momento lo que hacía que surgiesen esas olas de emociones en conflicto.

Entonces me di cuenta de que las sensaciones de «nada» solamente parecían que eran de nada si se comparaban con los recuerdos de cualquier otra cosa. Cuando entendí esto, ambas ideas, la de *nada* y la de *algo*, también sucumbieron.

No había nada más que vacío, sin que hubiera nadie para reclamarlo o negarlo de ninguna manera. Era un espacio *absolutamente* vacío, carente de ubicaciones, descripciones, cualidades o distinciones. En él no había ningún miedo, ni pérdida, ni aflicción, ni dolor, ni presión, y tampoco ninguna idea en absoluto.

Al instante me di cuenta de esto: *soy un vacío de nada que está vacío de nada*.

Para mi asombro, lo que quedó fue el sentido más íntimo del yo que había estado aquí todo el tiempo. En lugar de ser alguien que tenía el recuerdo persistente de haber visitado ese jardín siendo niño, *yo era el jardín de la Divinidad misma*. Aunque presente el aspecto de una persona que está viviendo en un mundo, en realidad *soy un espacio eterno a través del cual todas las cosas vienen a la vida*. Y tú también lo eres, claro. Recuerdo que vi como algo muy obvio el hecho de que el vacío, que es la fuente de todas las cosas, es testigo de todo por medio de *ser* todo ello.

Pensé: «A lo mejor, si dejo pasar el rato sin hacer nada, me llevarán a ser otro personaje o a una nueva aventura». Esperé pero no sucedió nada. Después desapareció la propia espera, junto con todas las ideas que alguna vez imaginé. Luego todo se desvaneció en la negrura, como cuando un personaje muere en una película.

No sabía exactamente lo que estaba aconteciendo, pero tenía la sensación de que había llegado el momento de mi muerte. La muerte había venido a por mí y yo estaba listo para facilitarle las cosas. Por algún motivo, nunca me había sentido tan reconfortado. Era completamente consciente de mí mismo, sin puntos de referencia o barreras de ningún tipo.

A pesar de que sentía que se trataba de un nuevo comienzo, no pude evitar sentir que algo dentro de mí había llegado a su fin. Mientras tomaba el que podría ser mi último aliento, me rendí a la muerte de una vez por todas. En ese instante, mi último pensamiento fue: «Señor, llévame; soy tuyo». Fue este el momento en que mi ego se echó a descansar.

Estaba allí entregándome a la muerte y no ocurrió nada. El vacío de nada que está vacío de nada permaneció ahí, mientras que el cuerpo se relajó y se durmió. Como vacío, vi cómo el cuerpo dormía desde dentro del mismo cuerpo. Me di cuenta de que era consciente de estar durmiendo, pero no estaba dormido en absoluto. Era una vitalidad siempre presente que era consciente de todo lo que el cuerpo parecía ser.

A la mañana siguiente, me desperté preguntándome si todo lo que había sucedido la noche anterior había sido una especie de sueño, pero resultó que la experiencia de ser el vacío era tan prominente como la noche anterior. Sin otra alternativa, cerré los ojos y contemplé la nada de la existencia.

Pensé: «Tal vez esto es todo. Tal vez voy a pasar una eternidad perdido en esta contemplación que lo acapara todo». Casi en este mismo momento, surgió de las profundidades silenciosas del espacio eternamente vacío un deseo espontáneo de conocer al propio ser. Al eclosionar este deseo, un rayo de energía emanó de la nada y transformó el espacio vacío en un campo de luz interminable. Dentro de la luz, cada persona, objeto y lugar adquirió forma. En infinitas dimensiones de tiempo y espacio, todas las características, situaciones y resultados se manifestaron en la existencia.

Yo era el espacio vacío, el deseo de conocerse a sí mismo, el campo de luz nacido de ello y todo lo que había en él, todo a la vez. Al contemplar la belleza de la forma, vi la luz que había dentro de cada persona, objeto y lugar como un rayo de sol que expresaba el resplandor de su fuente. En ese momento, me dijeron intuitivamente:

—La luz de todo es el alma de uno. El alma de uno es el YO SOY único.

Yo era tanto la nada a través de la cual llegó todo y adoptó formas terrenales como el amor que lo abrazaba todo. Sentí que una comprensión así de clara era inherente a mi ser. Por alguna razón, no tenía necesidad de encontrarle el sentido, ni de decidir quién soy o declarar lo que no soy.

Esta experiencia transformadora también me trajo el conocimiento intuitivo de que la *resurrección* era una etapa esencial de crecimiento en cada viaje. Esto me ayudó a entender la muerte como una puerta que conducía al éxtasis de la resurrección, donde no quedaba nada más que el amor.

Para muchas personas que habitan este planeta, la disposición a entrar por la puerta de la muerte y renacer como la luz del amor dentro de una forma es un tema central en la experiencia del despertar. Tanto si eres un empleado en un colmado como si eres un ama de casa, un ejecutivo o incluso un buscador espiritual de toda la vida, hemos llegado a un emocionante capítulo de la evolución humana en que la consciencia está despertando sin que sea necesario que el cuerpo se disuelva. Con el amor como guía, cada etapa de tu viaje, incluida la disolución del ego y la resurrección del alma, puede desplegarse con claridad, compasión y paz, y de manera fácil.

Tal vez estas historias te ayuden a recordar que amar lo que surge es el principal catalizador de la expansión de la consciencia. Por más profundo que quieras llegar en tu viaje, amar lo que surge es una práctica que seguramente va a satisfacer el anhelo de tu corazón a la vez que pondrá fin a la inacabable búsqueda de todas las experiencias espirituales que nadie puede esforzarse lo suficiente para fabricar personalmente.

Tu corazón como el centro del universo

Con el amor como guía, tu corazón puede verse como el centro del universo. Desde este espacio de reconocimiento, puedes darte cuenta de esto: a través del corazón que abrazas, todas las cosas se transforman.

Tanto si te detienes en los momentos de agitación motivados por un cambio inesperado para apoyar a tu inocencia como si estás sufriendo los efectos de una pérdida devastadora, siempre tienes el poder de abrir tu corazón, por medio de tomarte tiempo para abrazarte a ti mismo más a menudo. Incluso cuando todo parece estar bien en tu vida, siempre puedes pararte a lo largo de la jornada, sabedor de que el amor que cultivas se envía siempre a todos los corazones que existen.

Mientras estás disfrazado de persona que está aprendiendo a abrir su corazón, empiezas a darte cuenta de que eres todo un universo que está manifestándose en forma humana. Como eres lo Divino disfrazado, llegas a percibir que el cuerpo humano es un mapa de todo el cosmos. Dentro de tu cuerpo, cada célula, molécula, átomo y partícula representa el viaje de la inocencia a través de la multiplicidad de la encarnación. A medida que surgen las emociones, vas dirigiendo tu atención a distintas partes del cuerpo para responder a las oraciones de todos los personajes que has encarnado cuando atravesaron cualquier momento de dificultad. A través del poder de tu mirada amorosa, infundes simultáneamente a todas tus vidas recursos, fe, perspectiva y alegría, por el solo hecho de amar las sensaciones que sientes.

Si bien puede parecer que eres una persona que está amando un corazón, las bendiciones y recursos que ofreces son infinitos y de largo alcance. Cuando tu corazón es el foco, nadie queda excluido. De hecho, puedes enviar bendiciones al mundo y excluirte sin saberlo, por el hecho de enfocarte hacia el exterior.

Tu corazón actúa como una plataforma de embarque para las infinitas bendiciones de la Divinidad, y es a través de tu propio espacio del corazón como todos los sueños y deseos se envían para concederse en la vida de cada soñador.

Imagina pues las implicaciones milagrosas de que cultives y abraces tu inocencia más a menudo. Tal vez un granjero que depende de sus cultivos para alimentar a su familia se encuentre con una cosecha mayor que nunca. Como resultado, tal vez pueda comprar regalos a su familia durante las vacaciones. Tal vez alguien que estaba atrapado en una relación abusiva encuentre, espontáneamente, el valor de trasladarse a un entorno que reconozca su auténtica valía. Tal vez ese valor llegó a esa persona como resultado de *tus* elecciones amorosas.

Tal vez un país acosado por la sequía y que es incapaz de hacer crecer los cultivos para alimentar a su gente encuentre de repente cambios en el clima que den vida a la tierra. Mientras se alegran de forma espontánea por el milagro que les permite cultivar alimentos y alimentar a tantas familias, puede ser que ni siquiera sepan que eso fue posible gracias a un impulso de energía creado por tu corazón amoroso.

Esto no quiere decir que eres siempre la causa de todo lo que ves. Más exactamente, eres la solución que emerge en todas las formas. Incluso si malinterpretas estas palabras y te sientes culpable por no amarte lo suficiente como para fomentar el bienestar de todos, recuerda que esto es solo una oportunidad para que puedas abrazar tu culpabilidad como el siguiente de la fila al que aceptar como nunca antes. Al acoger a la culpabilidad dentro del éxtasis de tu mirada amorosa, estás ayudando a liberarla de la consciencia colectiva para que todo el mundo pueda dar un paso adelante y recordar el poder que solo el amor puede proporcionar. Eres todo un universo que transforma con cada respiración un sinfín de mundos de infinito potencial, elevando las vibraciones de todos los campos de energía y devolviendo la vida a su forma original, que es el cielo en la Tierra. Eres el eterno liberador de la vida apareciendo en forma humana para cumplir con el destino más alto de lo Divino. Para ello, tan solo tienes que darle la bienvenida a todo en tu corazón.

Aunque amar lo que surge puede ayudarte a transformar inmediatamente el malestar en algo más preferible y espacioso, te animo a que realices esta práctica no solo con finalidades sanadoras. En lugar de utilizar esta práctica como un extintor de fuego cósmico que te permita apagar las llamas de la desesperación personal, te invito a abrazar tu corazón de forma regular, hasta que el mundo que veas refleje la luz que tu amor aporte.

3

El corazón de la rendición

Si bien es habitual que los buscadores anticipen la evolución espiritual como un evento estático o un momento de realización gigantesco, en el transcurso de mi camino he llegado a ver que nuestros descubrimientos más profundos no suelen darse en el contexto de un evento místico específico, sino que más bien ocurre que van adquiriéndose comprensiones a lo largo del tiempo. A medida que nuestro impulso espiritual más profundo madura, se nos hace más fácil ver que no podemos definir la progresión de nuestro viaje a partir de la cantidad de experiencias místicas o despertares que hemos tenido, ya que seguramente tendremos muchos más. De la misma manera, no tienes por qué juzgarte de ese modo, como si te estuvieses quedando atrás por no tener las experiencias que otros sí parecen tener. Si bien los momentos de trascendencia son increíbles, el verdadero punto de referencia de la madurez es la frecuencia con que las propias palabras y acciones están alineadas con el amor.

La voluntad de permitir que las propias elecciones procedan de un lugar de amor independientemente de los resultados y las circunstancias que se presenten es lo que llamo *el corazón de la rendición*. Este cambio de consciencia hace que darle la bienvenida a cada momento con apertura, bondad y compasión sea más vitalmente importante que lo que se espera obtener de la vida. En lugar de tratar de controlar las cosas que parece que no puedes cambiar, ves el mundo y te relacionas con él de una manera más profunda.

Se accede al corazón de la rendición por medio de hacer una serie de preguntas valientes. No son preguntas que te obliguen a buscar una respuesta, pero sí requieren que desentierres una respuesta visceral de tu cuerpo que te llevará a entrar más profundamente en la inocencia del espacio eterno de tu corazón. Para entrar en el corazón de la rendición, hazte las siguientes preguntas:

¿Qué sucede si dejo de luchar contra aquello que parece luchar conmigo? ¿Qué sucede si en lugar de tratar de cambiar el comportamiento de los demás soy el primero en dejar de luchar, aunque los demás sigan luchando conmigo?

¿Qué sientes en el cuerpo cuando te haces estas preguntas? Incluso si tienes una sensación de miedo, la mera consideración de no luchar contra aquello que lucha contigo pasa a ser otra oportunidad de liberar patrones inconscientes. Para ello, basta con amar al corazón que se siente tan amenazado.

Tal vez tu inocencia cree que dejar de luchar daría lugar a que fueses dominado o herido, o a que te sintieses inseguro.

Si bien cada uno de estos sentimientos constituye una buena oportunidad para abrazarte a ti mismo en un nivel más profundo, la amenaza de no sentirte seguro que puede inundar tu experiencia *no* surge como resultado de unas circunstancias personales.

¿Y si no son las circunstancias de tu vida las que te están haciendo sentir inseguro? ¿Y si es tu voluntad de luchar lo que te hace sentir tan impotente? Si no necesitas culpar a nadie por tus experiencias, ¿qué ocurre con la sensación de miedo?

Si sientes una disposición a luchar dentro de ti, este impulso es seguramente el siguiente de la fila al que le toca recibir tu atención amorosa. Tal vez nunca has amado esta parte de ti porque has estado ocupado uniéndote a su cruzada. Tal vez has desplazado esta parte de ti a un segundo plano cuando no parecía actuar de una manera espiritualmente apropiada. Tanto si estás de acuerdo con las razones que justifican un combate como si tratas de evocar tus pensamientos más implacables para cambiar tu posición, dentro de estos dos extremos, aquel en ti que necesita algo contra lo que luchar o algo que arreglar nunca ha sido amado como una expresión de la Divinidad como cualquier otra. Para resolver este descuido, repite el siguiente mantra sanador:

> Acepto que el aspecto de mí mismo que combate está aquí solo para ser amado como solo yo puedo amarlo. Reconozco que el aspecto de mí que combate no sostiene una lucha contra nada ni contra nadie, sino que en realidad solo está luchando para obtener la belleza, el éxtasis y la perfección de mi propia aprobación amorosa.

Acepto que el aspecto de mí que combate (que es alimentado por la necesidad de estar bien o tener la última palabra) solo está luchando por obtener mi atención.

Puesto que esta inocencia solo está luchando por obtener mi atención, ya no lucho contra aquello que creo que lucha conmigo. En lugar de ello, ofrezco bondad a la inocencia, que así ya no tiene que esforzarse tanto para obtener mi apoyo.

Tal vez puedes sentir que una lucha llega a su fin sin dejarte sumergido en la duda o envuelto en el miedo. Tal vez tienes la comprensión de que aunque parezca que hay mucho contra lo que luchar, que defender, que corregir, que cambiar o incluso que mantener, existe un inocente en tu interior que usa estas tendencias como mecanismos para llamar la atención.

En la medida en que la aprobación amorosa se convierte en tu respuesta a una inocencia que no tiene que luchar tan desesperadamente para obtener tus ánimos y tu aceptación, estás transformando instantáneamente las relaciones en todos los corazones, para que nadie tenga que transitar por este planeta con nada que negar o a lo que oponerse.

Por el solo hecho de reconocer lo a menudo que exteriorizas el mismísimo comportamiento que está llorando para que le ofrezcas tu apoyo de corazón, estás dando un paso más, un paso audaz, en una dirección nueva y emocionante.

Crea tu propia declaración de amor

El siguiente paso en el corazón de la rendición es que crees tu propia declaración de amor personal. Aunque puedes beneficiarte mucho del hecho de abrazar tu corazón al ir diciendo «te amo», esta ofrenda es solo el principio. Una declaración de amor personal es muy potente, especialmente si las palabras «te amo» vienen junto con recuerdos que preferirías enterrar. Es muy posible que hayas escuchado palabras de aliento por parte de quienes querían amarte pero que terminaron arremetiendo contra ti en momentos de frustración, ira y desesperación. Si este es el caso, puede haber asociaciones dolorosas en tu subconsciente que oscurecen tu visión del amor a partir de las acciones de aquellos que te hicieron más daño.

Para crear tu declaración de amor personal, empieza por hacerte las preguntas siguientes:

¿Cuáles son las palabras que nunca escuché que siempre quise escuchar? ¿Quién, en mi experiencia, me ha hecho más daño? Y ¿cuáles son las palabras que nunca dijeron que habrían realmente permitido que la sanación tuviese lugar?

Cualesquiera palabras que acudan a ti serán siempre válidas, ya que cualquier información que recibas no podrá ser más que la máxima autoridad del espíritu en acción.

A veces, con el dolor no resuelto, no es necesario que alguien de tu pasado pronuncie un «te quiero» si nunca fue capaz de hacerlo. En lugar de ello, es posible que necesites que diga: «Lo siento. Estaba equivocado».

Tu declaración de amor personal puede evolucionar día a día, semana a semana, e incluso a veces minuto a minuto. Lo que nunca escuchaste por parte de otra persona o lo que quisiste escuchar más a menudo se convierte en las palabras que te ofreces a ti mismo.

Del mismo modo que puede ser que hayas practicado con el «te amo», puedes responder a cualquier trastorno emocional repitiendo tu declaración de amor personal a intervalos de dos minutos tantas veces al día como sea necesario. Incluso cuando no haya ninguna sanación a la que contribuir o sentimientos que afrontar, puedes continuar ofreciendo tu declaración de amor personal como una forma de elevar tu espíritu y bendecir a todos los seres de la existencia.

Cuando crees o modifiques tu declaración de amor personal, es importante que permitas que tu inocencia participe plenamente en el proceso. Con el fin de disolver cada amenaza y poner fin a tu lucha con la vida, es esencial que destapes las palabras que siempre has querido escuchar. Tal vez ya las has oído, pero no lo suficientemente a menudo, o tal vez nunca te las dijeron con un tono de voz sincero.

Tal vez las palabras que siempre has querido escuchar pueden ser inspiradas por un contexto espiritual o incluso religioso. Si es así, ¿cuáles son las palabras que tu fuente podría decirte que te harían sentir como si no pudieses equivocarte? ¿Qué te podría comunicar que te permitiese ser plenamente tú mismo? ¿Qué necesitarías escuchar para liberar todo tu potencial y llevarlo hacia delante para la liberación de todos?

Tal vez ya estás empezando a ver que tu declaración de amor personal establece un nivel más profundo de comunicación con tu corazón. Te ayuda a ver que por más a menudo que fueses rechazado, silenciado o sometido en el pasado, tu niño interior está siempre dispuesto a participar en tu viaje de sanación más profundo. Con paciencia, suavidad y consistencia, pronto se abrirá y compartirá contigo los secretos que aseguren tu crecimiento y expansión.

Inspira a tu inocencia a abrirse y comparte las palabras que más necesita escuchar por medio de repetir el siguiente mantra sanador. Prueba a pronunciar cada declaración lentamente para poder sentir dónde se produce una resonancia:

Eres especial.

Estás aquí por una razón.

Eres hermoso.

Tienes mucho talento.

Siempre quiero saber cómo te sientes.

Por favor, no te contengas.

Eres perfecto tal como eres.

¡Soy tan afortunado y estoy tan honrado de tenerte en mi vida!

Gracias por perdonarme.

Lo siento mucho por todo lo que te he hecho.

No sabía hasta qué punto estabas herido.

Siento no haber tenido en cuenta tus sentimientos.

Estaba equivocado.

No tienes que perdonarme si no quieres.

Tu talento no tiene límites.

Tal vez una o más de estas frases satisfacen tu profundo deseo de escuchar las palabras que parecieron faltarte en tus experiencias pasadas. Si es así, ¿puedes ser tú quien le ofrezca a tu corazón los regalos que ha esperado recibir durante demasiado tiempo?

Sean cuales sean las palabras o frases que anheles escuchar, lo más importante es tu sincera voluntad de descubrir tus necesidades emocionales más profundas y que seas tú quien apoye tu inocencia con mayor entusiasmo que nunca.

La diferencia entre el victimismo y el empoderamiento

En el corazón de la rendición, la diferencia entre el victimismo y el empoderamiento es fácil de entender: en el victimismo te retienes a ti mismo como un rehén emocional a la espera de que otros te digan lo que pueden no ser capaces de decir. Mientras no lo hacen, permaneces disconforme con la vida, acusando a quienes no han dicho las palabras que necesitabas escuchar de ser la razón de tu sufrimiento. De este modo, es más probable que te defiendas en cada ocasión y luches contra aquello que ninguna cantidad de esfuerzo parece ser capaz de cambiar nunca.

Por otro lado, el empoderamiento no tiene que ver en absoluto con esperar que otras personas digan las palabras correctas. Es darte cuenta de que eres tú quien tiene que señalar lo que has esperado escuchar toda tu vida. Por más que desees ser aceptado por los demás, solo aquel que sobrevivió a cada prueba puede ser aquel que exprese las palabras que no le ofreció su pasado. Dado que eres tú quien soportó cada lucha y superó cada obstáculo, solo tú tienes la llave para abrir tu corazón. Para ello, debes apoyarte a ti mismo de una manera más consistente e íntima.

Puesto que tu subconsciente no percibe la diferencia entre que alguien te diga ciertas palabras y que tú te las digas a ti mismo, tu corazón sanará igualmente si no provienen de la persona de tu elección. Y si tu niño interior insiste en decir: «No; necesito que lo diga *esa* persona», ahí se habrá puesto de manifiesto el siguiente de la fila al que amar.

Puedes exponerle esto a tu corazón: «Sé que deseas que sean ellos quienes digan las palabras que más necesitas escuchar. Entiendo cómo sigues esperando su amor solo para verte constantemente decepcionado en cada ocasión. No voy a corregirte. Solo voy a quererte tal como eres. Con la mano en el corazón, voy a indicar las palabras que siempre quisiste escuchar, aunque asegures que no son importantes porque insistes en que debe declararlas otra persona. Está bien que sigas a la espera de alguien que no está destinado a decirte (o concebido para decirte) aquello que solo yo estoy aquí para compartir contigo. Todo lo que sientes es correcto. Todo lo que piensas es comprensible, teniendo en cuenta las circunstancias a las que has sobrevivido. Pero tanto si lo crees como si no, ahora estás a salvo. Tienes todo el derecho a estar aquí. Existes por una razón importante. Estoy muy agradecido de ser quien te apoye. Te amo».

Con cada paso, el corazón de la rendición te libera de ver tu vida a través de los ojos del victimismo. En lugar de limitarte a ver que las personas se ponen agresivas, atacan verbalmente, juzgan o critican, puedes reconocer estos comportamientos como formas desesperadas en que su inocencia clama por la atención que no saben cómo darse a sí mismas. Al reconocer esta verdad más profunda, puedes darle a su corazón la atención amorosa que puede ser que nadie les haya proporcionado nunca por medio de ofrecerles una respuesta más amable de lo que merecen sus acciones. Incluso si no puedes atreverte a amar el corazón de otro en respuesta a su crueldad, siempre puedes apartarte de las situaciones inestables y permitir que tu propio corazón sea tu punto de enfoque. A medida que abrazas tu corazón, salen bendiciones hacia todo lo que existe, incluso hacia aquellos que atacan, sin que tú tengas que hacer otra cosa que responder a sus acciones reconociendo la inocencia dentro de ti que se siente maltratada.

En el corazón de la rendición, tratar a las personas mucho mejor de como te tratan pasa a ser una forma de vivir aceptable. Sobre todo, porque su incapacidad de tratarte bien no tiene nada que ver contigo, sino que refleja el tipo de relación que tienen consigo mismas. Esto te permite olvidarte de ser una víctima cuando las acciones inconscientes de otro revelan claramente un corazón necesitado de sanación y un niño perdido en el dolor. Tanto si alguien te fulmina con la mirada mientras se ahoga en sus propios juicios como si te hiere alguien a quien admiras profundamente, tienes todo el derecho a aceptar la profunda invitación a amarte más, no menos.

Para dar tu próximo paso, repite este mantra sanador:

Ya no me peleo con quienes insisten en pelear conmigo. Reconozco que todos quienes pelean lo hacen solo para recibir el favor de su propia atención amorosa.

Doy libremente atención amorosa a todo aquello que la reclame, ya sean las emociones desordenadas que hay en mi cuerpo, una mente ruidosa con pensamientos sin fin o el comportamiento despiadado de personas con las que me encuentro.

Al hablar a los demás en un tono y una forma que sugieren lo mejor que merecen tratarse a sí mismos cuando no están en mi presencia, ayudo a elevar la vibración del planeta. Como sé muy bien, mi camino no puede verse definido por la forma en que otros me tratan, sino solo por cómo elijo responder.

Aunque toda la verdad parezca ser que estoy hablando con otros personajes en mi obra de teatro, en realidad todo lo que le digo a otro es una carta de amor enviada a mi corazón. Sabiendo esto, renuncio a cualquier deseo o tendencia a luchar, negociar o defenderme, ya que puedo ver claramente que estoy en presencia de un ser inocente que solo combate para ser escuchado. Estas personas tal vez solo luchan para ser escuchadas mientras esperan ser abrazadas. Tanto si elijo su corazón como el mío, acepto esta invitación a volver a amar por medio de abrazar la verdad de todos.

Tanto si aquellos a quienes amo reciben conscientemente mis regalos como si no lo hacen, yo soy quien va a salir de cada encuentro más querido, consciente y empoderado que en cualquier momento anterior.

Opciones y resultados

En el corazón de la rendición, ya no afrontas el comportamiento de las otras personas con la misma frecuencia de inconsciencia. Como ahora tienes un mayor respeto por ti mismo, puedes reconocer la crueldad de los demás como procedente de aquellos que están atrincherados en demasiada confusión personal como para recordar su divinidad, no digamos ya para tener en cuenta tus sentimientos con el respeto que merecen.

La confusión personal es a menudo un signo de que se está totalmente envuelto en las llamas de una crisis de sanación que puede ser que ni siquiera se sepa que está aconteciendo. Quienes permanecen enredados en el drama pero son totalmente inconscientes de las oportunidades espirituales que se les presentan con cada respiración pueden verse como seres inocentes que no conocen nada más profundo que la superficie de la vida. A pesar de sus comportamientos, pueden ser aceptados como niños a quienes no hay que despertar constantemente de sus terrores nocturnos, sino que basta con que se los abrace cariñosamente mientras sueñan. Tanto si crees que los demás merecen tu bondad como si no, su situación siempre puede convertirse en otra oportunidad de decirte a ti mismo las palabras que te encantaría escuchar de ellos. Esto transforma cualquier identidad de víctima en la gracia encarnada del amor en acción para que dejes de ser un rehén emocional a la espera de que la atención, el respeto o la validación de otra persona constituyan tu rescate.

Con cada momento de rendición te vuelves más consciente de lo que necesitas proporcionarte a ti mismo en lugar de gastar tu tiempo discutiendo con quienes se nutren de la lucha. En un nivel aún más profundo, también empiezas a darte cuenta de algo importante sobre el poder de elegir. En vez de imaginar que las opciones son maneras de controlar los resultados o manipular la realidad, ves cada elección desde una perspectiva superior.

Con el fin de descubrir la verdad acerca de las decisiones que tomas, imagina que estás viendo una película. Podrías decir: «Cuando llevo a cabo una serie de elecciones, controlo el destino de los personajes que aparecen en la pantalla». Pero por más que insistas en que esto es así, los hechos son que aunque tal vez sea la primera vez que estás viendo la película, esta fue filmada y editada unos pocos años antes de que tú entrases al cine a verla. Aunque en algún nivel tu intuición pueda saber lo que está a punto de suceder, esta idea es luego filtrada por tu creencia de que tus elecciones crean lo que ves. Por ejemplo, podrías decir: «Cuando ponga el cuerpo tenso, podré garantizar que estos dos personajes vivan felices para siempre». Luego, cuando los personajes viven felices para siempre, piensas: «¡Oh!, esto ha sido obra mía». En realidad, era tu intuición la que sabía lo que iba a ocurrir, en una película que ya había sido filmada, aunque tú la estuvieses viendo por primera vez.

Tanto si hubieses tensado el cuerpo mientras estabas viendo la película como si hubieses elegido relajarte, habrías acabado viendo el mismo resultado que estaba siempre obligado a desplegarse. A través de esta analogía, puedes darte cuenta de que las elecciones no controlan los resultados de ninguna manera. Son más bien como la actividad de un espectador, que no puede controlar las acciones de los personajes pero cuyas decisiones determinan, eso sí, la calidad de la experiencia que está teniendo en el cine.

Aunque cuando miras películas la pantalla está unos seis metros delante de ti, en el cine que es la vida tu asiento de primera fila se encuentra dentro del cuerpo del personaje principal. Eres libre de creer que las elecciones que se te han dado pueden controlar el resultado de tu destino. Inevitablemente, esta creencia hace que te sientas impotente cuando tus decisiones no manifiestan los resultados que desearías que se hubiesen producido.

Con el fin de declarar tu libertad por medio de dar un paso más dentro del corazón de la rendición, repite el siguiente mantra sanador:

Mis elecciones no determinan el resultado. Los resultados vienen determinados por la máxima autoridad del universo. Puesto que yo soy dicho universo, ya he creado la vida, de principio a fin, a través del soplo eterno que trajo todas las vidas a la existencia, como una sola. No necesito usar mis elecciones para asegurar los resultados, porque las elecciones me son dadas para determinar la calidad de mi experiencia, no para controlar o manipular las experiencias que estoy teniendo.

La frecuencia vibratoria de la elección

Cada una tus elecciones se correlaciona con una frecuencia vibratoria. Si bien no es necesario entender la frecuencia exacta como un número, es importante que uses tu cuerpo emocional como un barómetro energético. Las opciones alineadas con una vibración alta suelen aportar emoción, tranquilidad y relajación al cuerpo. Las opciones que reflejan una vibración baja se sienten como una contracción y una pesadez y nos llenan de dudas, vergüenza, culpa, preocupación o resentimiento.

Muchos hemos sido condicionados a tomar decisiones a partir del miedo a perder oportunidades, lo cual se deriva de la creencia de que nuestras elecciones dan lugar a resultados. A medida que nuestra consciencia se expande, nos damos cuenta de que los resultados son orquestados por el universo con el único objetivo de ponernos en la situación exacta que nos permitirá despertar a nuestro próximo nivel de consciencia.

Aunque los resultados no se pueden garantizar, la sensación que se produce a medida que sintonizamos con cada opción nos proporciona un avance de cómo nos vamos a sentir a lo largo de la vigencia de cualquier decisión. Es como si alguien te invitara a cenar y experimentases una sensación de expansión en el corazón. Esto no garantizaría que la comida fuese deliciosa; tampoco podría garantizar que pudieses conseguir una reserva en tu restaurante favorito tras llevar una hora esperando a que una mesa estuviese preparada. Independientemente de cuáles resulten ser las circunstancias, *los sentimientos que tienes al considerar opciones te permiten saber el tipo de experiencia que eres capaz de tener*. Es como si tus emociones te dijesen: «Esto es lo que vas a sentir si te aventuras en esta dirección, sean cuales sean las circunstancias que puedan presentarse».

En el corazón de la rendición, no necesitas saber qué va a ocurrir. Solo tienes que saber cómo te harán sentir los resultados de tus acciones con el fin de tomar decisiones que darán lugar a que tengas las mejores experiencias de empoderamiento, amplitud, armonía y alegría.

Puesto que el amor es la vibración más elevada que existe, tienes el poder de atraer las experiencias más increíbles por medio de tomar las decisiones que sientas que son más amorosas. Cuando la sabiduría de tu cuerpo revela qué opciones están alineadas con el amor, tu vida se convierte en un viaje más inspirado, agradable y satisfactorio.

Tomar decisiones desde el corazón

¿Y si te tomaras unas vacaciones permanentes de la intensidad que implica considerar cada decisión que debes tomar por medio de permitir que sea tu corazón el que elija? Cuando permites que tu cuerpo determine cuáles son las elecciones más relajadas, amorosas o emocionantes que tomar, ya no tienes que sentir la presión de no saber lo que va a suceder o de pensar demasiado en lo que deberías hacer. Al seguir la retroalimentación que te proporcionan tus sentimientos, tu vida es guiada por un flujo preciso de dirección intuitiva. Esto te libera del agotamiento de tratar de controlar una realidad que solo existe para asegurar el cumplimiento de tu destino más elevado.

Con la intuición como guía, también puede ser que te encuentres expandiendo el uso de tu declaración de amor personal, de forma natural. Si bien es maravilloso ofrecerte a ti mismo las palabras exactas que siempre has querido escuchar, el resultado es aún más potente si les dices estas palabras de apoyo a aquellos con quienes te encuentras. Imagina lo increíble que sería ofrecerle a cualquier persona que conozcas un cumplido o un momento de aliento, como una manera de darles a ambos corazones el regalo que siempre has querido recibir. Puede ser que te sorprenda darte cuenta de que las palabras que has estado esperando oír son a menudo las mismas que los demás desean escuchar. El hecho de que puedas contribuir a la sanación de otra persona solo por el hecho de pronunciar en voz alta las palabras que significan tanto para ti revela que tiene lugar una interconexión en el ámbito del espíritu a través del tiempo y el espacio.

Si vas tomando decisiones inspiradas, una tras otra, ya no tendrás miedo de tomar la decisión equivocada, porque habrás sometido cada una de ellas a la máxima autoridad que es el amor. Todo aquello que surge en las vidas de quienes te rodean, incluido tú mismo, revela el siguiente momento de sanación en la evolución del conjunto.

Para cruzar plenamente el umbral y entrar en las etapas más emocionantes del crecimiento espiritual, repite el siguiente mantra sanador:

En adelante, entrego el destino de todas mis elecciones a la más alta vibración que es el amor. Permito que sea el *amor*, en su forma más pura y poderosa, el que habite plenamente este cuerpo, el que diga cada palabra, el que elija entre cada opción, el que dirija todos los comportamientos y el que opere en cada encuentro mediante el reconocimiento de que cada momento constituye una oportunidad de decirles a los demás las mismas palabras que siempre he querido escuchar.

Hago esto sabiendo que al compartir mi declaración de amor personal con todos aquellos con quienes me encuentre estoy usando mi tiempo en este planeta para decir en voz alta una y otra vez aquello que no recuerdo haber recibido nunca en el pasado al que afortunadamente sobreviví.

A partir de este momento, manifiesto mi declaración de amor personal como un regalo de transformación para todos. Esto me ayuda a recordar que independientemente de adónde tienda a apuntar el dedo de la culpa, no estoy más que reclamando el favor de mi propia atención amorosa.

Ahora que he dado permiso al amor para que lleve a cabo cada elección en mi nombre, en algún nivel, acepto que una etapa importante de mi viaje ha culminado.

Y así soy libre. Libre para ser el amor que soy a favor de la sanación, el despertar, el bienestar y la ascensión de todos. Sed bendecidos.

4

El ego, el sufrimiento y el sistema nervioso sobrestimulado

Recuerdo el momento en que empecé a ver la importancia que tenía el amor no solo como instrumento de sanación sino también como un potente transformador de la consciencia. Fue cuando, en el contexto de una conversación muy «productiva» que tuve con el universo, pregunté:

—¿Cuál es el núcleo del sufrimiento humano?

Hice esta pregunta porque, al comienzo de mi viaje, me familiaricé mucho con el funcionamiento interno del ego y pasé a verlo como la causa de la desesperación. El ego tiene mucho que ver con que estemos convencidos de que somos el personaje de cada escena de la película a la vez que olvidamos que en realidad somos la vida que hay en el cuerpo de cada personaje que interpreta nuestro papel. Tanto si estamos atrapados en el juego de las dinámicas familiares o de los altibajos del entorno laboral como si solo somos felices cuando quienes nos rodean están satisfechos, es la creencia en el ego o el apego a él lo que a menudo da lugar al dolor que esperamos resolver. A pesar de que podía ver cuánto caos originaba el ego, había algo que me inspiraba a mirar más allá.

Tal vez sentí el impulso de mirar más profundamente porque existe la creencia ampliamente aceptada de que tenemos que elaborar estrategias para trascender el ego o tratar de escapar de él de alguna manera. Si bien tenía sentido para mí que tantas personas intentaran superar la fuente misma de su sufrimiento, no sentí que esta fuera la comprensión más profunda que se podía tener acerca del ego; tampoco sentí que fuese este el enfoque más amoroso. Como resultado, algo me motivó a pedir explicaciones al universo al respecto.

Hice esa pregunta porque sabía intuitivamente que el enfoque más inteligente debía estar siempre enraizado en el amor. Incluso a la hora de intentar abrir la puerta de la liberación o apagar las llamas de la desesperación personal, una meta espiritual a menudo puede llegar a ser tan acaparadora que pasa a resultar fácil proseguir el viaje de una manera inconsciente, por estar demasiado apegados al cumplimiento del objetivo. Esto me recuerda un Halloween que viví de niño. Mis amigos y yo, ataviados con nuestros disfraces favoritos, estábamos tan enfocados en conseguir que nos diesen la mayor cantidad de dulces posible y en cubrir la mayor cantidad de barrios posible que ni siquiera dedicamos algo de tiempo a ofrecer mucho contacto visual o un «gracias» significativo a quienes nos llenaban las bolsas. De la misma manera, podemos estar tan cegados por la cantidad de experiencias místicas que cosechemos o por el caudal de conocimiento que esperamos hallar que es posible que ni siquiera nos tomemos tiempo para recibir de todo corazón los regalos que ya se nos han dado.

En el corazón de la rendición, la máxima aspiración es cumplir cada objetivo de la manera más amorosa posible. Si hay un desequilibrio, se cura con el amor. Si hay confusión, se aclara con el amor. Si hay algo que elegir, lo elige el amor. Si hay algo que despertar, lo despierta el amor. Ello nos ayuda a ver que cada uno de los valiosos pasos que damos en nuestro viaje es más que un medio en aras de un fin. Desde luego, no se trata de encontrar la respuesta correcta en la contraportada de un libro ni de saber articular perfectamente lo aprendido. Lo importante es que la belleza de nuestra verdad más profunda se refleja en la frecuencia con que el amor influye en nuestras elecciones.

En realidad, ¿qué es el ego?

Puesto que el enfoque habitual en cuanto al ego es intentar controlarlo o destruirlo de alguna manera y puesto que el amor no desempeña ningún papel en ello, sabía que tenía que haber algo por debajo de esta típica comprensión del ego. Tanto si el objetivo es transformar los pensamientos negativos en ideas más positivas como si es silenciar la mente o tratar de descubrir las creencias limitantes por medio de la intención, este enfoque conduce a menudo al buscador más sincero a convertir la exploración espiritual en una batalla por el control. Por supuesto, cualquier tipo de batalla o necesidad de escapar solo puede inflar el ego con más dolor.

Como el amor es la vibración más alta, todo aquello con que nos encontremos (incluido nuestro peor enemigo, nuestras experiencias más dramáticas e incluso el propio ego) se debe recibir con apertura y compasión con el fin de entrar en contacto con las enseñanzas más sabias y los descubrimientos más profundos. De lo contrario, nos encontramos en guerra con nosotros mismos; descubrimos nuevas formas de sufrimiento al tratar de realizar nuestros objetivos espirituales de una manera demasiado agresiva.

Cuando le pedí al universo que me revelase cuál era el núcleo del sufrimiento humano, la primera respuesta que recibí fue esta:

—El ego es un personaje ficticio que se personifica a través de los papeles que desempeña en la vida.

A partir de aquí, acudieron a mi mente algunas preguntas innegables: quise saber por qué existía esta tendencia, cómo se podían deshacer los dolores más profundos que parecía causar y qué papel jugaba en el viaje del despertar. Así que le pregunté al universo:

—En realidad, ¿qué es el ego?

La respuesta fue:

—El ego es la identidad imaginaria de un sistema nervioso sobrestimulado.

Esta respuesta realmente me tocó la fibra sensible. No sabía lo que significaba, así que seguí preguntando.

Acabé por descubrir que el origen de un corazón cerrado, una mente ruidosa, una baja autoestima o un ego descontrolado es *un sistema nervioso sobrestimulado*. Si esta es la causa raíz del sufrimiento, la pregunta lógica es: ¿cómo llegó a estar sobrestimulado el sistema nervioso?

La principal función del sistema nervioso es ayudarnos a mantener una sensación de orden en nuestras vidas por medio de expulsar las posibilidades desconocidas que orbitan alrededor de nuestras experiencias. Lo nuevo, hasta que se ha presentado a nuestro subconsciente y este lo ha aceptado, podemos pasarlo por alto o incluso puede parecernos invisible, aunque se esté manifestando justo delante de nosotros. Del mismo modo que un grupo de personas puede presenciar un mismo evento y ver algo que los demás pueden no haber visto, cada uno de nosotros percibimos la vida a través de una lente única, en función de cómo nuestro sistema nervioso conserva el orden a través de nuestra consciencia. Lo que se sabe que es verdad para una persona puede ser invisible o desconocido para otra. Aunque parezca que todos vivimos en el mismo planeta, cada uno habita en su propia versión de él. La suposición de que el mundo que vemos es el único existente es una creencia limitante que se sostiene por nuestro apego al ego. Como nuestras percepciones insisten en confirmar esto, surge la tendencia a sentirnos insatisfechos o frustrados con la vida, por más justificadas que parezcan estar nuestras ideas.

Cuando la consciencia se ve limitada por patrones de sobrestimulación, el sistema nervioso borra de la percepción del individuo todo aquello que contradice sus creencias más estrictas. A medida que se expande la consciencia, las creencias arraigadas se disuelven. En ausencia de dichas creencias, el sistema nervioso se relaja y le da la bienvenida a la llegada de más posibilidades. Estas posibilidades estuvieron allí todo el tiempo pero no las podíamos reconocer, porque eran acordes con una expresión de la consciencia mayor de lo que podíamos percibir.

Una razón fundamental por la que el sistema nervioso aleja de nuestra vista las posibilidades potenciales es ayudarnos a tener aquellas experiencias que somos capaces de manejar. Si se nos cayeran de repente las vendas de los ojos, nuestra consciencia se expandiría tan rápidamente que nos encontraríamos hipnotizados y confundidos por la naturaleza multidimensional de la realidad. En muchos sentidos, seríamos incapaces de manejarnos en este estado. Sería como vivir en una sala de espejos sin saber qué reflejo es el nuestro. Si bien el resplandor de nuestra verdadera naturaleza vive siempre en todo aquello que tiene forma, nuestro sistema nervioso regula las experiencias y permite que nuestra consciencia se expanda y le dé la bienvenida a la llegada de mayores posibilidades, de una manera que es a la vez natural y reveladora.

A pesar de que algunas personas han tenido experiencias trascendentes y han visto que se les caían de pronto las anteojeras de la inconsciencia, la mayor parte de los despertares son graduales y se procesan en armonía con el sistema nervioso. Es muy parecido al florecimiento de una flor, que experimenta el éxtasis de abrirse pétalo por pétalo.

A lo largo de la historia de la mística, estos despertares infrecuentes se convierten en folclore espiritual, y pueden llevar a muchos a pensar que estos avances espectaculares son un punto de referencia necesario para su propio viaje. Cuando uno está cautivado por el deseo de despertar tan rápidamente, su motivación para explorar su espiritualidad puede estar teñida por un sentimiento de desesperación, falta de sinceridad y agresividad. Paradójicamente, este sentimiento de urgencia no sirve más que para sobrestimular aún más el sistema nervioso. Cuando ocurre esto, el propio nivel de consciencia se estrecha para que las mismísimas experiencias que se están persiguiendo queden fuera del «campo visual» de la persona.

Por más años que haya pasado uno inmerso en el discurso espiritual, la realización viva de la verdad no puede revelarse plenamente hasta que el sistema nervioso está relajado. Incluso en un nivel místico, el grado en que se relaja el sistema nervioso también determina quién ve ángeles, fantasmas u otras dimensiones, e incluso quién recibe mensajes intuitivos por parte del espíritu.

Mientras tanto, aquellos que están atrincherados en el condicionamiento pueden burlarse de las posibilidades que aún no han visto pero que siempre han existido a su alrededor.

El capullo psicológico

Los sistemas nerviosos se ven sobrestimulados con el fin de crear un *capullo psicológico*. A medida que la mariposa que es nuestra naturaleza inocente se incuba a lo largo de los primeros años de la vida, tenemos experiencias personales que nos preparan para una aventura más profunda. Tanto si el proceso comienza en la adolescencia como si se desarrolla espontáneamente en la edad adulta, el capullo de la incubación culmina su misión cuando se abre por el impulso de la evolución espiritual. Si el propósito del ego es desmoronarse, a continuación todo en la vida tiene lugar como etapas críticas de desarrollo con el fin de que la persona sea consciente de una realidad cósmica mayor.

Es importante tener en cuenta que quienes no han tenido destellos de trascendencia no se están perdiendo algo o se están quedando atrás en algún sentido. Sencillamente, están en el proceso de desenredar el capullo del ego hasta el punto en que puedan reconocer una realidad más profunda. Ocurre algo muy parecido a cuando se siembran semillas en un jardín para que tenga lugar el milagro del florecimiento. Algunas florecen rápidamente, mientras que otras lo hacen de forma más progresiva. Pero cada semilla cumple su destino, que es dar forma a una de las infinitas maneras en que se manifiesta el jardín.

También hay quienes han experimentado destellos espontáneos de realización y que han sentido como que estas experiencias se desvanecieron o perdieron por alguna causa. En este caso, ocurre sencillamente que el sistema nervioso regresa a patrones de condicionamiento bien asentados. La persona casi puede sentir que está yendo hacia atrás en la evolución; es como si todo aquello que vio tan inexplicablemente claro cuando acudió a ella la realización hubiese desaparecido y las cosas volviesen a ser como eran antes de que empezase a recorrer su camino espiritual. Si bien este tipo de experiencias pueden ser bastante desalentadoras, le están ofreciendo al individuo una información vital por parte de su sistema nervioso: confirman que, si bien la persona puede haberse ido de vacaciones fuera de la condición humana, los patrones de la sobrestimulación no han sido completamente liberados de su campo. Si uno no es consciente del papel que juega el sistema nervioso, es posible que se tome esto de forma personal o que sienta que está fallando en su misión espiritual.

Por otra parte, una vez que reconocemos que el sistema nervioso sobrestimulado es el medio a través del cual se ve oscurecida la visión más clara de la vida, vamos aún más a lo profundo en la maravilla que es nuestro viaje. Cuanto más profundizamos, más se desenreda el sistema nervioso, lo que le da al cuerpo permiso para descansar. Esto hace que el capullo del ego vaya desprendiéndose continuamente, a medida que el corazón se va abriendo como una flor.

¿Cómo tiene lugar la sobrestimulación?

Para que puedas entender mejor cómo el sistema nervioso pasa a estar sobrestimulado, vamos a empezar por examinar el comportamiento de los bebés. Puedes observar que ellos ya están viviendo en un estado de consciencia pura. En este estado, están adaptándose continuamente a las sensaciones de un mundo completamente nuevo. Cada vez que una posibilidad no reconocida entra en el campo energético de un bebé, tiende a llorar. El llanto no es necesariamente sinónimo de una experiencia de dolor, sino que puede indicar que el sistema nervioso está expulsando las posibilidades no reconocidas de las células del cuerpo.

En el estado puro del ser, las experiencias sensoriales entran en el campo y se reflejan inmediatamente hacia fuera, según un ritmo natural. Cada vez que ocurre esto, el subconsciente graba patrones. Su papel es el de buscar constantemente tendencias en el campo energético para encontrar formas de reducir la carga de trabajo del cuerpo. Esto se hace para que la energía de la fuerza vital que hay dentro del campo pueda funcionar a su máximo nivel de eficiencia.

Imagina que un bebé escucha un sonido poco familiar. La onda sonora pasa inmediatamente a través de su campo energético, y su sistema nervioso refleja ese sonido de forma espontánea. Es casi como si el bebé llorara para armonizarse con el sonido que escucha. Esto hace que el subconsciente perciba que cada vez que una onda se refleja hacia fuera el gasto de energía llega a un pico. Puesto que un bebé va a responder constantemente a la mayor parte de las experiencias como desconocidas o extrañas, su subconsciente hace el seguimiento de la frecuencia con que aparecen estos picos. Cuanto más a menudo responde el bebé a la naturaleza multisensorial de la vida, más interviene el sistema nervioso para reflejar eso. Esto hace que el subconsciente registre cada vez más picos de energía. Al final, el subconsciente toma una decisión. Puesto que el gasto de energía se dispara tan a menudo, ¿por qué no hacer que el punto más alto de cada pico sea el nuevo estado predeterminado del campo energético?

Esta decisión se toma para que se gaste menos energía en el proceso de llegar al pico y regresar de nuevo al estado natural del ser (el estado propio de la vida). Ahora bien, a medida que el rápido aumento de la energía establece como normal un nuevo estado del ser (condicionado en este caso), el estado natural del niño se ve oscurecido a la vez que su percepción de la vida se va volviendo exagerada. Esto invita a la aparición de un mundo de polaridad, o de contrarios, que se ve a través de una lente distorsionadora. En un mundo de polaridad, en lugar de ser meramente conscientes de lo que vemos, lo definimos todo en comparación con otras cosas. Desde este punto de referencia, el milagro de la existencia se convierte en una idea que denominamos vida. Así es como nuestra verdadera naturaleza se pierde en el personaje, en el protagonista que todos somos de nuestra película. Escena tras escena, la inocencia de nuestro ser pierde el contacto con la realidad a través de complejos patrones de supervivencia. Asimismo se siente abrumada a menudo por un estado de alerta constante, durante el cual la amenaza de la insuficiencia y la decepción se convierten en resultados que anticipamos con regularidad. También es entonces cuando la arraigada sensación de sentirnos separados del amor pasa a formar parte de nuestra realidad.

Patrones de codependencia y adicción

Cuando esta distorsión condicionada se establece, las experiencias que llegan a nuestro campo ya no se reflejan. Lo que ocurre ahora es que se graban en la memoria de nuestras células. Pronto, la culminación de la memoria celular da lugar a un sentido de la identidad personal, o «yo», el cual hay que realzar, defender y proteger frente a los demás. Una vez que la inocencia de un bebé se ha convertido en el temperamento condicionado de un niño, más células resultan ocupadas por memorias codificadas para mantener el estado de sobrestimulación del sistema nervioso. En este nivel de consciencia, hay dos patrones principales que se exteriorizan habitualmente: la codependencia y la adicción.

La codependencia tiene lugar cuando la calidad de las propias experiencias depende de las acciones o el comportamiento de los demás. Es la creencia de que uno no puede ser feliz hasta que los demás no estén satisfechos, y hace que uno viva para los demás mientras se niega a sí mismo en el proceso.

Por otra parte, la adicción es la necesidad habitual de ciertas experiencias o sensaciones con el fin de seguir conservando la sensación de que uno controla su propia vida. El grado en que una persona establece relaciones codependientes o tiene conductas adictivas es indicativo de lo sobrestimulado que puede estar su sistema nervioso.

Los padres que lean esto pueden imaginar que si fueran capaces de proteger a sus bebés de este proceso de condicionamiento, podrían librarlos del apuro del sufrimiento humano.

La verdad es que *cada uno de nosotros vinimos a este planeta para tener un amplio espectro de experiencias* mientras somos guiados por la perfección del universo (desde el principio hasta el final). A medida que pases más tiempo en tu viaje centrado en el corazón, podrás ver que por más veces que niegues o evites las experiencias desagradables no estás más que retrasando la llegada del alivio que buscas.

De igual modo, tener una comprensión de la forma en que se crea el condicionamiento no sirve en ningún caso como sustituto de la dulzura, la compasión y el apoyo amoroso que todo niño merece.

El camino de la honestidad radical

Una de las formas más inmediatas de desenredar el sistema nervioso es ser completamente honesto. La honestidad es la capacidad innata que tenemos de permanecer totalmente expuestos, permitiendo que el mundo haga lo que haga y diga lo que diga con el fin de que podamos saber quiénes somos (más allá del ámbito de las ideas). Cuando no tenemos nada que ocultar o negar, decimos la verdad libremente y sin criticar a nadie.

Sea cual sea el tema de la discusión, la verdad no contiene ninguna forma de juicio. La verdad celebra lo íntimamente que nos conocemos por lo abiertos y disponibles que estamos dispuestos a estar. Sabiendo esto, la sabiduría más profunda de la vida siempre es la misma: nos sentiremos mejor una vez que seamos totalmente honestos.

Muchos no quieren reconocer el valor de lo que llamo *honestidad radical* por miedo a enfrentarse a las reacciones de los demás. A nivel celular, cuando alguien tiene una reacción emocional, su sistema nervioso está liberando capas de condicionamiento. En el corazón de la rendición verás, una y otra vez, que todo aquello que tú o cualquier otra persona estéis sintiendo son más patrones que están siendo sanados.

Cuando no somos conscientes de lo auténticamente sanadora que puede ser cada reacción, es probable que la estemos percibiendo desde dentro del marco del ego. En el modo ego, es habitual proyectar culpa o exteriorizar una variedad de defensas hacia quien quiera que creamos que es la causa de nuestro estallido.

Debido a la incomodidad y la naturaleza inoportuna de ciertos sentimientos, tiene sentido que tantas personas pretendan evitar ser honestas, ya que la honestidad parece instigar muchas reacciones emocionales. Sin embargo, cuando sabemos que aquello que nosotros o cualquier otra persona estamos sintiendo es indicativo de que está teniendo lugar una sanación, somos capaces de armonizarnos con la voluntad del universo para hacer avanzar conscientemente la evolución de la humanidad (por medio de interaccionar centrados en el corazón, una y otra vez).

Una vez que reconocemos que la vida cotidiana es un patio de recreo donde tiene lugar la evolución espiritual, el verdadero objetivo es aprender a permanecer valientemente al frente de nuestro propio viaje de sanación. A medida que aceptamos seriamente lo sanador que puede ser cada momento, ya no estamos obligados a juzgarnos a nosotros mismos, incluso si no actuamos de una manera amorosa.

Por más esfuerzo que se ponga en ello, el objetivo de actuar de una manera centrada en el corazón no se logra de forma regular cuando el sistema nervioso está sobrestimulado.

Esta es la razón por la cual desenredar el sistema nervioso sobrestimulado del modo más amoroso es el tema central del nuevo paradigma espiritual. Al reconocer la frecuencia con que la oportunidad de sanarse uno a sí mismo y sanar a los demás se ofrece durante todo el juego de la vida, el apego al ego comienza a disolverse. Desde este espacio, dejamos de sentirnos víctimas de las reacciones de los demás o de necesitar culpar a nadie por cómo nos sentimos. De igual manera, no debemos tener miedo de proyectar nuestros sentimientos hacia los demás, ya que esto solo es probable que ocurra cuando reprimimos nuestras emociones en un intento de guardárnoslo todo.

Durante el curso de una reacción emocional, podemos sentirnos como si estuviéramos a punto de explotar y cubrir a todos a quienes tenemos a la vista con la ferocidad de nuestra agitación interna. Sin embargo, si le damos la bienvenida a cada sensación con apertura e inhalamos profundamente hacia el centro de lo que sentimos, podemos mantener un espacio sagrado para cada momento de sanación sin vernos envueltos por la incomodidad, la frustración o el dolor.

Cuando no recibimos abiertamente las emociones, el sistema nervioso sobrestimulado se ve instigado a proseguir con su movimiento perpetuo. Cada vez que culpamos o juzgamos a alguien por una reacción que estemos teniendo, las células que estaban siendo sanadas vuelven a llenarse, de inmediato, con patrones de desechos emocionales. Esto puede conducir a futuros momentos de reactividad emocional, puesto que la vida organiza una serie de acontecimientos con el único fin de que volvamos a visitar esos sentimientos que nos hacen reaccionar atacando, encerrándonos o retirándonos.

A medida que afrontamos cada patrón, nos vamos viendo liberados de la tendencia que tenemos de luchar contra los catalizadores que inspiran nuestros momentos más potentes de transformación. Gracias a nuestro nuevo interés por darles la bienvenida a nuestros sentimientos y ser honestos con las otras personas, la vida puede conducirnos más fácilmente a experimentar relaciones que apoyen nuestra mayor evolución.

Algunos creen que los otros no podrían gestionar la verdad que les dijesen. Pero la honestidad que estoy sugiriendo no es un arma de ningún tipo. La honestidad radical no tiene nada que ver con la confrontación, la acusación o la culpa. Es un nivel natural de discernimiento que nos permite percibir la diferencia entre gritarle a alguien y compartir abiertamente lo que es cierto en nuestra experiencia.

Ir más a lo profundo en nuestro viaje de sanación

Otro aspecto muy tranquilizador de la honestidad radical consiste en recordar que nuestra sanación se produce durante cada intercambio sincero, independientemente de cómo responda el otro. Esto se debe a que su respuesta revela lo que está listo para ser expulsado de su campo de energía, al igual que nuestra disposición a compartir ayuda a nuestra sanación. Tanto si reaccionamos nosotros como si hacemos reaccionar a otro, el objetivo es deponer las propias defensas en favor de la evolución de todos.

A veces, la mejor ayuda que podemos prestarle a alguien es escucharlo. En otros casos, es darle el espacio que necesita. Sea como sea que ofrezcamos dicha ayuda, los milagros más inconcebibles de la vida entran en nuestra realidad una vez que respetamos el viaje de sanación que muchos ni siquiera saben que está teniendo lugar.

Cuando una controversia se intensifica rápidamente hasta acabar en una discusión acalorada, la cuestión no es estar de acuerdo o en desacuerdo con alguien, o necesitar que esa persona nos dé la razón. Es una oportunidad para presenciar cómo todo ha sido hábilmente dispuesto para inspirar el milagro del crecimiento. Sea cual sea la situación, cualquier sensación de incomodidad actúa como un claro recordatorio de que no estamos siendo totalmente honestos con nosotros mismos o con los demás. Esto se debe al hecho de que la incomodidad indica que memorias celulares que necesitan ser liberadas están retenidas en una posición estancada por medio de la aversión a la honestidad.

Esto pone de relieve el significado más importante de la frase «la verdad os hará libres». Hay muchos que desean desesperadamente verse libres, pero muchos menos que están dispuestos a liberarse a sí mismos por medio de permanecer en presencia de la verdad.

La verdad profunda no empieza con pedirnos que admitamos nada ante los demás, sino que respondamos a la llamada de la honestidad radical por medio de confesarnos la naturaleza de nuestras experiencias *a nosotros mismos*. Una vez que hemos admitido la verdad de puertas adentro, nuestra capacidad de compartirla íntimamente con los demás pasa a ser mucho menos amenazadora. Durante cualquier momento de honestidad, también podemos reconocer las decisiones importantes que podemos estar evitando que nos convendría tomar.

Si tu compartir sincero pone fin, de forma abrupta, a relaciones u oportunidades laborales, he aquí que la perfección inherente de la vida te muestra lo increíble que está destinado a ser tu viaje una vez que estás apuntando en una dirección completamente nueva. Ahora que tienes una fe renovada en la voluntad del universo, la precisión de la integridad quita de tu camino lo que ya no te sirve. Incluso si tu vida da un vuelco, esto no puede hacer más que crear espacio para que aparezcan mayores horizontes.

A tu propia manera única, puedes reconocer la honestidad radical como una de las prácticas espirituales más potentes del nuevo paradigma espiritual. Cuando recuerdas que todo lo que estás sintiendo es *sanador*, puedes regocijarte en la cantidad de veces al día que estás trabajando en colaboración con el universo para transformar el mundo.

Muchos experimentan una dificultad comprensible a la hora de dar la bienvenida a emociones que les recuerdan un pasado doloroso. Puedes renunciar a abrazar determinados sentimientos, pero en última instancia no puedes controlar si tu inocencia se siente o no amenazada y si opta o no por ocultarse. Por más atascado que puedas sentirte, estás aquí para salir del tormento de la negación a través del poder de tu propia aprobación amorosa.

Tanto si empiezas por decir un «te amo» como si eres capaz de repetir tu declaración de amor personal para ti mismo durante unos minutos en cada ocasión, estás haciendo algo así como decirle a un niño que está escondido en un armario que finalmente no corre ningún peligro si sale y se pone a jugar. El niño es tu propia naturaleza inocente escondida en el armario de tu corazón. Una vez que se siente segura y sale de su escondite, estás seguro de contar con su confianza a lo largo del camino que tienes por delante.

Por encima y más allá de cualquier logro espiritual, la voluntad de ser completamente honesto y amoroso con uno mismo es lo que refleja la madurez de un corazón abierto. Incluso si tienes miedo de ser honesto, tómate tiempo para amar al que tiene miedo en ti y expulsa más memorias celulares de tu campo energético. Por más a menudo que reacciones reactivamente o sea cual sea el papel que interprete alguien, es importante que recuerdes esto: todo es el centro del universo. A través de aquel al que amas, todas las cosas se transforman.

A medida que se pone de manifiesto la alegría de la expansión que sentimos de corazón, nos va pareciendo más obvio que vivimos en un paraíso consistente en un sinfín de milagros. Esto fue cierto en mi experiencia.

Un niño empático

Cuando, ya en la edad adulta, llegué a comprender el funcionamiento interno del ego, recordé de inmediato mi pasado niño empático. Vi claramente que había sido una «esponja energética», que detectaba los residuos emocionales no resueltos en los corazones de todos aquellos que estaban a mi alrededor. Entonces «vi» que, siendo un niño muy pequeño, tomé una decisión subconsciente: «Si los demás parecen estar bloqueados y no dispuestos a quererme tal como soy, permítaseme reproducir exactamente el condicionamiento que siento en sus campos en un intento de liberar sus corazones».

De una manera así de inocente pensé que, una vez que estuviesen libres de los condicionamientos que sentía que les pesaban, no habría nada en sus corazones que les impidiese darme el amor que tanto anhelaba. A pesar de que mi intención era tomar su dolor para aligerar sus cargas, lo único que hacía era reproducir su percepción de sus experiencias dentro de las células de mi cuerpo. Por medio de este proceso trataba de ser un espejo perfecto de su condicionamiento, con la esperanza de que si podían verse reflejados en mí, tal vez se abrirían a una conexión más profunda.

En un cierto nivel, lo hice para ser más como el mundo que veía, como una forma de entrar en resonancia con los sistemas nerviosos sobrestimulados de quienes me rodeaban. Entonces vi que los sistemas nerviosos sobrestimulados de todos los seres creaban un campo de energía global conocido como *inconsciente colectivo*. Este inconsciente colectivo había fabricado el acuerdo cultural de que un sistema nervioso sobrestimulado es la manera normal en que los seres humanos se manejan en la sociedad todos los días.

Esta visión continuó y vi que antes de venir a este planeta y encarnar en mi familia yo era como un ángel enviado del cielo que accedió a replicar este condicionamiento con el fin de inspirar a realizar un viaje más profundo. Accedí a ello, por lo que en un determinado momento de mi proceso evolutivo comenzaría a despertar con el fin de transmutar el condicionamiento que había recogido. Gracias a la interconexión existente entre todos, sabía que en algún nivel este proceso de transmutación crearía un efecto dominó que conduciría al despertar de todos los seres existentes. Me di cuenta de que encarné a propósito en una familia para asumir el condicionamiento que llevaban como una forma de liberar a un sinnúmero de linajes de condicionamiento que habían estado presentes a lo largo de la historia y que aún estaban pendientes de resolver.

A medida que empecé a entender que el apego al ego era literalmente tan fuerte e intenso como sobrestimulado estaba el sistema nervioso, comencé a reconocer algunas conexiones muy interesantes.

Vi que la conexión de la persona con lo divino reside en la apertura de su corazón. De igual modo, cuando el sistema nervioso está sobrestimulado, el corazón permanece cerrado.

Cuando la puerta del corazón está cerrada, uno tiende a sentirse separado de la verdad de su propia divinidad. Esto hace que sea casi instintivo negociar, luchar, defenderse y buscar formas de mejorar regularmente la identidad imaginaria del ego. Sin malicia por mi parte hacia el fenómeno del ego, lo vi como un lugar donde se escondía mi inocencia hasta que empezase mi viaje de sanación.

Cuando aprendí a amar lo que surge, me di cuenta de lo rápidamente que se relajaba mi cuerpo. En estado de relajación, mi inocencia se sintió lo suficientemente segura como para salir de su escondite. A medida que me fui relajando cada vez más, más se fue expandiendo mi consciencia. Mientras ocurría esto, experimenté espontáneamente la apertura de mis chakras (o centros energéticos del cuerpo), la activación de las cadenas de ADN latentes, la aparición de mayores capacidades intuitivas y muchos otros hitos espirituales que muchos persiguen hasta agotarse.

Con la aparición de estas activaciones que solo el amor puede desencadenar, fui capaz de armonizarme con la vida de tal manera que todo parecía conspirar en mi favor. También se me hizo evidente que todo lo que ocurría en mi favor era también la más alta posibilidad para todos quienes estaban a mi alrededor.

Desde este nuevo espacio de alineación energética, podía manifestar las cosas tan deprisa como las imaginaba, y atraía las versiones más conscientes de cada persona: sus comportamientos en mi presencia podían ser incluso radicalmente distintos de los que tenían en el resto de las circunstancias. También, a través de las diversas etapas de la iluminación y más allá, descubrí que cada meta que se explora en el camino espiritual aparece de forma natural cuando el sistema nervioso se desenreda (con cada «te amo»).

Al ocurrir esto, la necesidad de luchar, defenderme y negociar desapareció de mi experiencia, mientras emergía una consciencia centrada en el corazón en la que no había nadie a quien culpar o ninguna necesidad de tener razón. No tenía más que la voluntad de percibir la actividad de la vida y responder con amor para la evolución de todos.

Poner fin a la lucha con el descontento

¿Y si no existiera la necesidad de tener razón? ¿Y si ya no estuviésemos interesados en estar a la defensiva frente a nadie, ni siquiera cuando ese alguien nos quiere controlar o nos acusa falsamente? ¿Y si en lugar de centrarnos en lo que no tenemos o en lo injusta que parece ser la vida les diésemos la bienvenida a las posibilidades más increíbles por medio de abrir el corazón? Tal vez podríamos descubrir un espacio abierto dentro de cada escena de la película donde hay oportunidades para actuar con tanta honestidad, aceptación y solidaridad como solo el amor sabe manifestar.

Cuando descubrimos una forma de ser totalmente nueva, somos capaces de ver casi todas las batallas de la vida como una lucha contra el sentimiento de descontento. Una señal evidente de descontento se manifiesta cada vez que culpamos a una persona o circunstancia por cualquier experiencia.

De hecho, solo por deponer la tendencia a culpar en el curso de las situaciones estresantes o dolorosas, podemos experimentar mucho menos dolor y estrés a lo largo del camino. Esto nos ayuda a liberarnos de las trampas del sufrimiento en lugar de perpetuarlo por medio de un comportamiento defensivo. Es normal oponerse al descontento cuando lo vemos como la manera exacta en que no queremos sentirnos; sin embargo, es el impulso de negar cualquier causa perceptible, evitarla o arremeter contra ella lo que nos impide descubrir algo más profundo al respecto.

El patrón compulsivo de la búsqueda

Debajo de la sensación de descontento se halla el patrón compulsivo de la búsqueda. Este patrón inconsciente nos induce el impulso de buscar más de algo en un intento de evitar la desesperación por tener menos. Por ejemplo, muchas personas creen que tendrán menos ansiedad si buscan más formas de obtener seguridad. Es como si el ego creyese esto: «Si añado más cosas a mi colección, la inevitabilidad de la pérdida no me afectará tanto».

El patrón inconsciente de la necesidad de ganar algo en un intento de evitar el dolor de tener menos se teje en el telar de la sociedad. Tal vez alguien que se siente frustrado con su profesión se muda repentinamente a un país exótico; poco después de llegar ahí, la nueva ubicación ya no parece tan nueva, y el ego mira en otras direcciones en busca de alternativas.

Tal vez, después de perder a un ser querido, el ego reprime su dolor por medio de comprar artículos de lujo o trata de revivir el pasado en un intento por recordar unos tiempos en que la vida era más feliz.

Por supuesto, no todas las decisiones de compra son obra del ego. Son las creencias que uno tiene sobre sus opciones o la esperanza de lo que le aportará aquello que ha adquirido lo que indica si un ego está acaparando más como remedio a tener menos.

Y en el camino espiritual la tendencia a buscar, como una manera de tratar de resolver la sensación de descontento, actúa como un signo revelador de lo sobrestimulado que puede estar el sistema nervioso. En algunos casos, nuestro ego puede utilizar un camino espiritual para buscar una mayor claridad con la esperanza de estar menos confundido. Esto puede incluir el muy elevado impulso de buscar más liberación como una manera de sufrir con menos frecuencia. El ego también puede reorganizar la polaridad de lo más y lo menos por medio de intentar tener menos pensamientos o menos miedo como una forma de conseguir más paz interior.

Si bien el ego puede utilizar casi cualquier aspecto de la vida para reinventarse (incluida la adopción de una personalidad espiritual nueva y mejorada a lo largo del camino), lo único que no puede usar en aras de su reinvención perpetua es el amor. Esto se debe a que el amor es una alta vibración de la consciencia que aborda directamente el *origen* del ego.

Cuando invitamos al amor a nuestras vidas, este desenreda los patrones inconscientes que nos mantienen tan insatisfechos y nos inducen la constante necesidad de buscar. Una vez más, no tenemos que agotarnos tratando de desenterrar dichos patrones; en lugar de ello, podemos hacer que la apertura del corazón sea el objeto central de nuestro enfoque y permitir que el amor encuentre una manera de resolver estos patrones por nosotros.

El ciclo de la adquisición y la eliminación

Cuando el sistema nervioso está sobrestimulado, el ego oscila entre los ciclos de adquisición y eliminación. En primer lugar, busca *más* en un intento de evitar las privaciones que le brindaría el *menos*. Una vez que ha satisfecho su hambre momentánea de más, cambia inevitablemente de marcha y utiliza la misma energía de búsqueda para eliminar determinados elementos de su vida.

Un ejemplo de esto lo constituye el deseo insaciable de una relación con un alma gemela, lo cual cree la persona que será el remedio a su soledad. Inevitablemente, quien busca un compañero de estas características encuentra uno. Tal vez tiene lugar un romance que dura semanas, meses o incluso años, hasta que esa persona que estuvo buscando una relación con tanta insistencia cree ahora que va a encontrar la felicidad estando soltera. Una vez soltera y disponible, no tarda en explorar la posibilidad de encontrar una nueva pareja, y reproduce el mismo patrón, independientemente de cuánto tiempo pueda durar o no la nueva relación.

Una vez más, no todos los ejemplos que ofrezco revelan un juego del ego. Lo significativo no es si se lleva o no a cabo cualquier elección en particular, sino tomar conciencia de los temas recurrentes. Por supuesto, hay personas que serían mucho más felices si dejaran la relación en la que están, pero cuando el ciclo de adquisición y eliminación se prolonga de manera predecible y repetitiva, puede ser el momento de echar una mirada más profunda a las fuerzas que nos influyen.

Puede ser que estés leyendo esto y pensando: «Me he dado cuenta de estos patrones y ciclos; es por esto por lo que estoy en un camino espiritual intentando resolverlos». Esto puede dar lugar a una mayor confusión si el mismo camino que seguimos para abordar los problemas del ego pasa a ser una nueva forma en que el ego se reinventa.

Y la cuestión se complica aún más si un camino espiritual nos enseña que vigilemos al ego o nos opongamos a él, lo cual da lugar a una nueva personalidad del ego que patrulla por nuestro campo energético para asegurarse de que ningún ego se atreva a entrar.

Esta es la razón por la que amar lo que surge es algo tan revolucionario. El amor es el reconocimiento de la luz eterna en cuya presencia el ego no puede hacer otra cosa que disolverse. Al amar al propio corazón en respuesta a cualquier reacción o patrón, las infinitas máscaras del ego se rompen para revelar una inocencia del ser que está lista para que la vida se convierta en una aventura.

En lugar de abrumarte a ti mismo tratando de mantenerlo todo en orden o trabajar tanto para hacer lo correcto, te invito a abrazarte a ti mismo con el amor (por más patrones, creencias, juicios o hábitos autodestructivos que aún tengas). Por el hecho de estar aquí leyendo estas palabras puedes ver tu esperanza renovada, la esperanza de que la vida te está indicando una dirección en que tu mayor éxito está asegurado.

Al amar al que no puede hacer nada bien, al que se siente un fracasado e incluso al que está abrumado por el descontento, enseguida doblas una esquina en la dirección del auténtico alivio. Es por esto por lo que digo que siempre mereces más amor, no menos. Al ofrecerle más amor a tu verdadera naturaleza inocente con regularidad, la evaluación de las ganancias y las pérdidas, junto con los patrones de adquisición y eliminación, se desmoronan rápidamente.

En esencia, verse atrapado en los patrones del ego da lugar al mismo descontento que el ego está tratando de resolver. Y esto se prolonga hasta que uno aborda directamente el núcleo del sufrimiento humano por medio de volver al amor, de una vez por todas.

Debajo de los sentimientos que el más y el menos no pueden resolver, hay una vitalidad muy arraigada en el cuerpo, donde reside la verdadera inocencia. Una vez que reconocemos que cada compulsión de «más de esto» o «menos de lo otro» son maneras en que el niño interior clama por amor, un mundo de dolor, estrés, injusticia y antagonismos se convierte en una realidad de paz, libertad, inspiración y alegría.

5

La mente hiperactiva

En la práctica de amar lo que surge, el corazón no siempre es la parte del cuerpo que reclama la atención. Mientras el corazón sigue siendo el punto central de enfoque, es útil desenredar el sistema nervioso por medio de enviar amor a la mente hiperactiva.

Como acaso hayas advertido por tus experiencias de vida, la mente hace más ruido cuando el corazón está más cerrado. En el momento en que abrazamos la mente como a un niño necesitado de bondad, apoyo, aceptación y atención, podemos poner fin a la guerra que tiene lugar en nuestro interior por medio de abrazar a aquel al que no podemos seguir silenciando. Muchos han convertido sus mentes en campos de batalla en respuesta a los pensamientos hirientes, destructivos o enjuiciadores que consumen su atención.

Si bien tiene sentido imaginar lo tranquila que estaría la mente si pudiésemos desenchufarla de la toma de corriente, solo está hiperactiva como un dispositivo de llamada de atención que utiliza el universo para ayudarnos a volver a amar.

El hecho de que estés de acuerdo o no con tu mente, o de que te guste o no lo que hace, no tiene nada que ver con el hecho de que esté hiperactiva o consumida por la duda, el miedo, el dolor o el juicio. La espiritualidad no se debe confundir nunca con el entrenamiento para la obediencia. Tu objetivo no es luchar con tu mente para someterla o abrir tu corazón a la fuerza. *La invitación que se te hace es que reconozcas que todo, incluida la actividad de tu mente, es una oportunidad para amar.* Podemos establecer una analogía entre el ruido mental incesante y un reloj despertador: su propósito es despertarnos del patrón inconsciente del más y el menos, por medio de recordarnos el momento perfecto para abrazar la mente como una forma de ayudar a la liberación de las memorias celulares que están listas para ser sanadas.

Cuando estés agobiado, frustrado o traumatizado por los pensamientos que son fabricados con la única finalidad de llamar tu atención, trata de ver esto como una oportunidad de abrazar los aspectos de tu «yo» que se sienten exactamente de esta manera. Desde este espacio más profundo de armonía, no estás culpando al ego, sino respondiendo a él de la forma en que el amor le respondería a un niño de cinco años de edad que estuviese sufriendo. Como digo a menudo, si la forma en que te hablas no es la misma en que le hablarías a un niño que tiene alguna necesidad, no debe ser la forma en que te hables a ti mismo. Por más agresiva que parezca ponerse tu mente, siempre está ahí como una oportunidad mucho más profunda de sanarte a ti mismo y transformar el planeta.

A medida que vas teniendo hacia el ego la actitud del padre que abraza a su hijo, una sensación de seguridad le permite a tu corazón expandirse, lo cual le da la instrucción a tu mente de que regrese a su estado natural, el silencio. Una vez que el despertador de la mente ha hecho su trabajo y te ha informado de cuál es el siguiente de la fila al que corresponde amar, deja de sonar, hasta que necesites otro recordatorio.

Nunca se trata de que te inculpes imaginando lo silenciosa que estaría tu mente solo con que pudieses acordarte de amarte a ti mismo. En lugar de ello, se trata de que aprendas a apreciar lo perfectamente que opera tu mente, pues te recuerda cuándo es el momento de amarte a ti mismo a lo largo del día. Así como no tienes que prever quedarte sin gasolina porque hay un mecanismo en tu coche que realiza el seguimiento del nivel de combustible disponible, no hay ninguna razón para que te estreses o te preocupes en relación con amarte a ti mismo, porque las reacciones emocionales o la hiperactividad mental actúan como señales perfectas para avisarte.

Por encima y más allá de cualquier grado de comprensión, la mayor demostración de la realidad de nuestra naturaleza divina es el cuerpo cuando se siente lo suficientemente seguro como para abrirse a la vida con entusiasmo. Cuando nos hemos abierto a las posibilidades más interesantes que aguardan nuestra llegada, permanecemos relajados y receptivos, por más alborotado que parezca estar el mundo o por más reactivos que se muestren los demás.

A medida que el cuerpo se relaja, cada encuentro momentáneo se convierte en una invitación a liberar el planeta de uno de los niveles de condicionamiento presentes en esta «película» milagrosa. No hay nadie a quien culpar por esto. No es culpa de nadie. Esto no es más que la evolución espiritual en marcha. Al establecer una base de condicionamiento, el espíritu nos proporciona algo de lo que despertar mientras vemos que un mundo de seres que evolucionan nos refleja la más alta vibración de la consciencia.

Tal vez ahora te des cuenta de cómo la culminación de tu viaje depende de que desenredes tu sistema nervioso sobrestimulado, no solo para que te unas con la verdad de tu divinidad, sino también para ejercer la consciencia centrada en el corazón con el fin de liberar a una humanidad en evolución.

Descubrir la seguridad por medio de respirar más lentamente

Otra señal de que nos hallamos en presencia de un sistema nervioso sobrestimulado es la respiración superficial. Así como la mente es tan ruidosa como cerrado esté el corazón, la respiración es tan superficial como sobrestimulado esté el sistema nervioso. A medida que la respiración se vuelve lenta y profunda, la mente se va silenciando y el corazón se va abriendo. Por el solo hecho de tomar varios minidescansos para respirar a lo largo del día cultivamos la capacidad de sentirnos instintivamente seguros adondequiera que vayamos.

Vamos a ver cómo la respiración puede ser un ejercicio de sanación potente.

EJERCICIO *para respirar de forma lenta y profunda*

Si no estás seguro de cómo hacer más lenta o profunda tu respiración, limítate a inhalar por la nariz de una forma más relajada de lo habitual. Puedes tomarte tiempo para saborear la inhalación como si estuvieras oliendo algo aromático. Observa cómo la respiración se ralentiza de forma natural cuando inhalas como si estuvieses percibiendo un olor dulce. Cuando tu inhalación alcance su clímax natural, detente un momento y permite que el aire salga suavemente por la boca. La exhalación puede parecerse al lento soplido de un niño cuando está haciendo burbujas con una paja. Una vez más, inhala por la nariz, aguanta la respiración y luego saca el aire suavemente por la boca.

Al inspirar a través de las fosas nasales, acoges la deliciosa fragancia de tu divinidad. A continuación, contienes la respiración por un momento para saborear la magnificencia de la vida. Finalmente, sueltas el aire en forma de bendiciones que brindan compasión, alegría y tranquilidad a todos. A medida que tu respiración se va volviendo lenta y profunda te vas viendo liberado de cualquier tendencia a controlar el comportamiento de los demás y dejas de insistir en que la armonía consiste en que aquellos que te rodean se ajusten a la vibración de tu consciencia.

Exigir que los demás se encuentren contigo allí donde tú estás es una manera fácil de olvidar el viaje único de los demás. Si bien es posible que te hayas encontrado con obstáculos que te haya sido fácil superar, estos mismos obstáculos pueden constituir adversidades insuperables en la vida de otra persona. Aunque es natural que desees que el otro se encuentre contigo en una frecuencia complementaria para que podáis conectar, debes tomarte tiempo para respirar más despacio que esa persona para poder experimentar la vibración de tu propia consciencia en lugar de verte absorbido por sus patrones de agitación.

Una manera fácil de reconocer la velocidad a la que respira alguien consiste en escuchar la rapidez con que habla. La respiración superficial tiende a provocar que el sujeto hable rápido, así como con una dicción poco clara. Al ralentizar el ritmo de tus palabras te liberas de tener que apresurarte a juntar frases en un intento de tener la última palabra. Cuando te halles en presencia de alguien que parezca estar a la defensiva o distraído, o que sea incapaz de encontrarse contigo con el corazón abierto, habla más despacio y respira profundamente para convertirte en el oyente presente en la vida de esa persona que le está enseñando cómo «estar ahí» para sí misma.

Cuanto mayor interés muestres por los demás, sin tener la necesidad de interrumpirlos por cualquier cosa que digan, más permites que se sientan vistos y escuchados. Esto aumenta las probabilidades de que encuentren la motivación de escucharse y verse a sí mismos más a menudo.

Es importante que recuerdes que nadie puede tener un interés más profundo en ti hasta que se ha convertido en quien *se ofrece a sí mismo el apoyo, la bondad y la atención que anhela descubrir*. Esto te permite ver tus interacciones con los demás como oportunidades para ralentizar tu respiración y practicar el acto de escuchar como una forma de meditación.

De igual modo, tu respuesta a lo que dicen los demás te ofrece posibilidades extras de pronunciar en voz alta las palabras que siempre has querido escuchar.

Incluso cuando las circunstancias de la vida de otra persona no coinciden con tus experiencias, siempre puede descubrirse algo en común en el nivel emocional. En lugar de centrarte en lo diferentes que sois esa persona y tú, pregúntate: «¿Qué siento emocionalmente en su presencia? ¿Puedo recordar un momento en que me sentí de esa manera? Si es así, ¿cuáles son las palabras que me habría gustado que alguien hubiese podido decirme que me habrían hecho sentir mucho mejor? ¿Puedo ser yo quien ofrezca esas palabras como una oportunidad de sanar tanto el corazón de esta persona como el mío?».

Independientemente de cómo responda el otro a tu bondad, por el solo hecho de repetir en voz alta las palabras que no escuchaste con la suficiente frecuencia o que incluso no escuchaste nunca te garantizas a ti mismo salir de cada escena de la vida más sanado, alineado y transformado de lo que estabas antes de ese momento. Incluso si estás discutiendo con un ser querido, ¿puedes detectar las palabras o acciones exactas que le estás exigiendo y ser quien ponga fin a cada conflicto por medio de ofrecer dichas palabras como regalos?

Al hablar más lento, respirar más profundo, escuchar con mayor interés y ofrecer a los demás tu declaración de amor personal, anclas una vibración de consciencia superior. Al hacer esto, invitas a la mente subconsciente de la otra persona a hacer todo lo posible para igualarse con tu frecuencia, en lugar de verte arrastrado a resonar con sus patrones al imitar, sin saberlo, la rapidez de su discurso o la poca profundidad de su respiración.

Una de las ilusiones principales de la vida consiste en suponer que por el hecho de que estamos conversando el otro nos está escuchando. Cuando recibimos la bendición de estar en presencia de alguien que está abierto y receptivo, esto indica que esa persona se halla en profunda armonía con su inocencia, pues tiene la capacidad de dejar que entre en ella la belleza de nuestro ser. Si alguien no está en armonía con su inocencia, aún tiene que dedicar tiempo a estar consigo mismo. Por supuesto, esa persona no puede ofrecernos el regalo de su atención indivisa, por más cosas maravillosas que queramos compartir con todo el entusiasmo.

Este es el motivo por el cual muchas conversaciones desembocan rápidamente en malentendidos. Cuando surge el conflicto, a menudo tenemos a dos personas luchando por la postura dominante, para lo cual formulan acusaciones y exigencias. Si seguimos el camino centrado en el corazón, una conversación constituye una oportunidad de alinearnos más con la inocencia de nuestra verdadera naturaleza. Es una oportunidad de practicar decir a los demás las palabras que nos gustaría escuchar más a menudo y escuchar a los demás más profundamente de lo que alguien pueda haberlo hecho nunca.

Puesto que el subconsciente no reconoce la diferencia entre las palabras que nos decimos a nosotros mismos y las que le decimos a otra persona, las conversaciones constituyen una forma esencial de reescribir nuestra programación interna a la vez que les ofrecemos a los demás los cumplidos que apoyan su sanación.

Tanto si estás relacionándote con niños como interactuando con tus seres queridos o abrumado por las exigencias del trabajo, cada entorno ha sido creado por el universo para ayudarte a transformarte y que puedas vivir en armonía, como el amor que eres.

Guiados por la ley de la polaridad

Cuando estamos desesperados por obtener aprobación, es habitual que confluyamos con la energía de quienes nos rodean cuya aprobación buscamos. Cuando ocurre esto, es probable que enfoquemos la atención en conseguir que los demás cambien como una forma de liberarnos de la energía con la que hemos entrado en comunión sin darnos cuenta.

Una de las maneras más efectivas de liberarse de esta tendencia es acudir a la ley de la polaridad. A partir del principio universal de comprender el equilibrio entre las fuerzas opuestas, en lugar de sumarnos a la energía de los demás se trata de hacer justamente lo contrario. Si los demás gritan, elegimos escuchar. Puesto que solo se puede gritar si se está respirando superficialmente, respiramos más despacio y con mayor profundidad. Cuando los demás están tensos y rígidos, relajamos el cuerpo. Si los demás se quejan, respondemos con un cumplido. Incluso si nos sentimos dominados por la energía, las palabras o las acciones de otras personas, la ley de la polaridad nos inspira a retroceder y dejarles más tiempo y espacio para que puedan estar consigo mismas en un nivel más íntimo.

Al aprender a hacer lo contrario cada vez que aparecen el estrés, el dolor o la culpa, mantenemos un espacio sagrado para los corazones durante los momentos más críticos de la sanación.

Esto también nos ayuda a aprender que no necesitamos que nadie actúe de una manera determinada con el fin de sentir la armonía, la felicidad y la alegría que la vida ofrece siempre. Si bien tiene sentido que nuestra pareja sea quien nos apoye más y nos ofrezca todo el amor que podamos necesitar, la diferencia entre sentirse visto e ignorado es más un reflejo de la frecuencia con que abrazamos nuestro propio corazón.

Es habitual que ignoremos, sin darnos cuenta, las peticiones de la propia naturaleza inocente y que esperemos que un compañero o compañera nos trate mejor. Cuando estamos bajo el influjo de esta tendencia, tenemos un sinfín de formas de visualizar que los demás aparecen como personajes mejores en nuestras vidas; todo lo que deben hacer es escucharnos más profundamente o aprender a actuar de manera diferente.

La verdad es que es muy probable que nosotros mismos seamos los únicos a los que les corresponda escuchar las ideas que imaginamos y las palabras que pronunciamos.

Sencillamente, porque cada petición desesperada de más tiempo de calidad o mejor escucha es un mensaje procedente de la propia inocencia que podemos escuchar mientras lo proyectamos en los demás.

Cuando las exigencias que tenemos en cada relación nos inspiran a que seamos nosotros quienes actuemos al respecto, la ley de la polaridad nos ayuda a buscar espacio para ofrecernos a nosotros mismos y brindar a los demás el apoyo fortalecedor y la escucha comprometida que ninguna negociación puede garantizarnos que nos den aquellos que nos rodean. Esta ley universal tiene el potencial de transformar las relaciones al conducir a una intimidad más profunda, pero no está concebida en ningún caso para utilizarla como una forma de amarnos a nosotros mismos en privado al tiempo que nos ocultamos de una relación a la que tenemos mucho miedo de poner fin.

A menudo, quienes somos almas energéticamente sensibles estamos más centrados en los sentimientos o reacciones de los demás que en seguir la sabiduría de nuestra propia guía interna. Incluso podemos albergar la creencia de que «una ruptura no puede ser consciente hasta que el otro no se siente bien con dejarnos libres».

Podemos tener tanto miedo de lastimar al otro o de contribuir a su desesperación que, sin saberlo, permanecemos en relaciones acabadas, sin ver que la elección más amorosa para ambos corazones es que cada uno siga su propio camino. Independientemente de cómo responda el otro cuando decimos nuestra verdad más profunda, cada verdad activa catalizadores de crecimiento espiritual para la evolución de todos los implicados.

A medida que se produce la sanación, una reacción tras otra, nos aventuramos audazmente dentro de nuevos horizontes de posibilidad, más transformados para el viaje que tenemos por delante.

La codependencia espiritual

Si bien puede ser normal continuar en relaciones acabadas en un intento de ayudar a los demás a procesar el dolor de la pérdida, la decisión más inteligente es amar el propio corazón para no distraer a los demás de amar el suyo. Por más apegado que se esté a la otra persona o por más que esa persona se aferre a uno, una dinámica como esta solamente invita a que aumente la toxicidad, hasta que uno es capaz de alejarse y obtener tiempo para la inocencia que reclama su atención.

Hay vínculos entre corazones que se han creado para resistir el paso del tiempo. También hay relaciones que se han creado solamente por los beneficios evolutivos que tienen lugar cuando aquellos a quienes se ha reunido inevitablemente tienen que separarse. La diferencia entre la odisea de los compañeros del alma y la batalla interminable de las asociaciones tóxicas solo puede determinarse por el nivel de seguridad que sentimos en presencia de nuestra pareja.

Si bien no sentir seguridad puede brindarnos una oportunidad importante de amar lo que surge, estas invitaciones no se pueden confundir con las sensaciones recurrentes de amenaza que nos permiten saber que es el momento de tomar una decisión. En su infinita sabiduría, el universo siempre nos proporciona la orientación adecuada para asegurar nuestro crecimiento y expansión. Si pasamos por alto algún mensaje, seguramente se repetirá hasta que lo reconozcamos.

Tanto si mantenemos una relación con otra persona como si estamos cada vez más alineados dentro de nosotros mismos, la ley de la polaridad nos permite sostener un espacio sagrado para la sanación de cualquier corazón sin que nos perdamos en la codependencia espiritual. Esto nos libera de la tendencia a estancar nuestra propia evolución al esperar que otros estén bien con unas decisiones que puede ser que solo sean adecuadas para nosotros. Una vez más, cuando una elección que sentimos muy correcta parece hacerle daño a otro, lo que ocurre es que se está revelando la naturaleza humilladora de la sanación más profunda. Aunque nos sintamos muy mal por el dolor del otro, no hay ninguna razón para que nos disculpemos, pues solo se están repartiendo regalos de expansión. Incluso aunque no sepamos cómo estar bien con las decisiones que los demás rechazan, esto constituye una oportunidad transformadora de seguir adelante según la sabiduría más profunda de nuestro corazón mientras abrazamos la codependencia como el siguiente de la fila al que amar.

Es *de vital importancia recordar que nunca le estamos dando la espalda a nadie*. Tan solo estamos girándonos en la dirección de nuestro potencial más elevado. Si bien puedes sentir que estás abandonando a alguien en el peor momento de su desesperación, estás siendo guiado por el universo para procurarle la distancia adecuada: en el caso de muchas personas, solamente esta distancia les permite volverse hacia dentro y descubrir su inocencia en un nivel espiritual más profundo.

En el caso de los émpatas, la estrategia subconsciente en nuestras relaciones es la de tratar de igualarnos con la energía de los que están en peligro. Esto puede incluir confluir con la vibración de alguien que nos intimide. En un nivel subconsciente, tenemos esta esperanza: *si puedo ser su espejo energético perfecto, voy a estar menos en el centro de su diana*. Es como si tratásemos de confluir con la realidad del otro para evitar ser víctimas de los residuos sin resolver presentes en su campo energético.

Gracias a la ley de la polaridad, llegamos a percibir a cada persona que entra en nuestra realidad como una tarjeta de memorización animada (en inglés *flash card*). Cada una ayuda a dar vida a este principio cósmico por medio de inspirarnos a hacer lo contrario en respuesta a quienes nos atacan o coartan. Estos encuentros personales se convierten en invitaciones a respirar más lento, hablar más suave y actuar con más elegancia como una manera de entrar en mayor armonía con la luz de la propia divinidad. Esto nos permite sentirnos seguros en nuestros cuerpos, no como consecuencia de nuestras circunstancias personales, sino a partir de lo sabiamente que estamos dispuestos a responder a las situaciones que nos ocupan.

Es como si nuestra inocencia solo entendiese el mundo que vemos a partir de nuestras respuestas y reacciones a él. A pesar de cómo elijan estar quienes nos rodean, la diferencia entre percibir una vida de sincronías o una vida de estrés depende únicamente de cómo hablamos, respiramos y nos movemos de un momento a otro.

6

Explorando el ego

Cuando despertamos del ego, no es como si hubiésemos trascendido alguna «cosa». En lugar de ello, vemos a través de la fachada de todo lo que hemos supuesto o nos han dicho acerca del ego. El tema recurrente en un viaje espiritual es despertar de todas las conclusiones, creencias y puntos de referencia, incluidos los creados a partir de nuestros momentos de claridad más preciados. Lo que pudo haber sido un momento de comprensión que nos cambió la vida en una etapa de nuestro crecimiento pasa a ser nuestra siguiente hipótesis, conclusión o creencia. Esto ocurre en todas las etapas de nuestra exploración, hasta que solo queda la verdad del amor. Puesto que todo lo que no es el amor resulta al final abandonado, ¿por qué no dejar a un lado cualquier idea, práctica o plan de estudios y permitir que el corazón abra el camino?

He dicho que el ego es la identidad imaginaria de un sistema nervioso sobrestimulado, y es importante proporcionar ahora información más práctica acerca de lo que esto significa realmente. Cuando proseguimos nuestro viaje anclados en el corazón, somos capaces de darles un sentido a nuestras vidas, pero de una manera tal que no necesitamos amonestar, castigar, perseguir, abandonar o evitar nada ni a nadie en nombre de nuestro mayor crecimiento espiritual. Esto no quiere decir que lo que hemos aprendido sobre el ego en los caminos espirituales tradicionales sea incorrecto. Se trata más bien de que hemos llegado a un punto emocionante en nuestra historia en que estamos listos para ampliar nuestra comprensión del ego de una manera más universal.

En muchos caminos espirituales, el ego se ve como la personalidad del cuerpo. Después de haber ayudado a muchas personas a cruzar, así como a partir de la comunicación con quienes ya están en el otro lado, he descubierto que la personalidad va mucho más allá de los límites del cuerpo; que es un aspecto del alma.

La personalidad es una expresión individualizada de la luz eterna, que celebra la singularidad de la Divinidad que ha tomado forma. En mi experiencia de comunicarme con seres que han cruzado a la otra vida, se me presentan todavía con la forma de la persona que habían sido en su encarnación humana. Por algún motivo inexplicable, cuando soy capaz de conectar con su consciencia, converso con la esencia de esa alma del mismo modo en que podemos tener una conversación telefónica. Al principio pensaba que solo se trataba de mi imaginación, pero cuando los mensajes que me transmitían eran validados por sus seres queridos, esto me ayudó a cultivar un profundo respeto por el ilimitado potencial y las magníficas capacidades que habitan en cada uno de nosotros. Durante mis conversaciones con las almas se me aparecen con los mismos rasgos de personalidad, rarezas y humor que encarnaron estando aquí, pero ahora se hallan dentro de un contexto más amplio, del que pudieron no haber sido conscientes durante su vida en este plano.

El hecho de comprender la personalidad como un aspecto del alma nos libera de sentirnos avergonzados por nuestros rasgos y características. Por más profundo que vayamos en nuestro viaje espiritual, nuestras cualidades únicas no se ven eliminadas por la evolución, sino que son llevadas a su máximo potencial a medida que nos vamos expandiendo.

No estás aquí para lograr un estado de trascendencia en que no tengas ninguna personalidad. De hecho, no tener ninguna supondría negar la singularidad que traes al mundo. Todos tenemos una personalidad única, cada una de las cuales trae una frecuencia vibratoria que nadie más en la historia puede entregar a este planeta. Como el color de un arco iris que nadie más es capaz de generar, pues solo puede manifestarse a través de la belleza de tu ser, traes a la vida un recuerdo especial de la verdad como un regalo que nos haces a todos. Incluso si habitas en una personalidad que sientes limitante o dolorosa, estás trabajando en nombre del universo para explorar este aspecto de la escala emocional para generar un impulso y un efecto de catapulta hacia vibraciones superiores de expresión consciente.

Por más que te hayas sumergido en la agonía del victimismo, esto solamente forma parte de un viaje milagroso en que resurges de las cenizas del miedo, la vergüenza y el arrepentimiento para arrojar una luz que sane todos los corazones.

Cuando las personalidades se inflaman

Si la realidad es como un océano en que las olas que representan las distintas personalidades se encuentran y chocan entre sí una interacción tras otra, nos damos cuenta de que tanto el océano como las olas forman parte de una misma verdad eterna. Si tienes incorporada una definición más clásica del ego, la que afirma que es una personalidad del cuerpo, puedes suponer que el océano debe verse vacío de olas con el fin de ser lo que ya es. Pero dado que las olas no pueden encontrarse o colisionar de ninguna manera que haga que el océano se ahogue, tu personalidad no es nunca un obstáculo a que puedas reconocer la verdad que está siempre dentro de ti. Esto nos ayuda a comprender la naturaleza del ego como la tendencia, fruto del condicionamiento, a estar perdidos en la estructura de una personalidad inflamada a causa de la sobrestimulación del sistema nervioso. Y ahora toca presentar el concepto de *inflamación*.

Típicamente, la palabra *inflamación* está asociada con determinados tipos de respuesta del cuerpo al entorno. Esto puede incluir reacciones a ciertos tipos de alimentos en que los alérgenos pueden producir una respuesta inflamatoria o tóxica por parte del organismo. Pues bien, el ego es el resultado de la inflamación de la personalidad. Por ejemplo, alguien que está enojado se encuentra en un estado de inflamación emocional. Decir que esa persona «está en el ego» puede ser una afirmación verdadera, pero a través de los ojos del universo podemos ver que está experimentando una reacción alérgica a su estado de ser condicionado. Esto significa que el ego es muy similar a una alergia hacia la inconsciencia que cada uno de nosotros vinimos aquí a transformar. Cuando el ego permanece activo, la inocencia que hay dentro de ti, o de cualquier otra persona, está ahí de una manera exagerada. A medida que amamos lo que surge, resolvemos nuestras alergias vibratorias para vivir con alegría en un planeta que está evolucionando, por más rápida o lentamente que parezcan crecer aquellos que están a nuestro alrededor.

Cuando empezamos a ver el ego como la inflamación de la personalidad, nos damos cuenta de lo a menudo que nos «hinchamos». Tanto si es con la necesidad de tener razón o con posturas defensivas como si es en respuesta a una injusticia evidente, una personalidad inflamada da lugar a una percepción exagerada de la vida. Si alguna vez has estado en un coche con alguien que de repente se detiene para evitar un accidente que desde tu punto de vista estaba muy lejos de acontecer, te darás cuenta de lo adornada o sesgada que puede ser una visión cuando reaccionamos a una alergia que solo el amor puede resolver. Cuando vivimos en medio de una reacción alérgica a la vibración del planeta, un nivel de consciencia exagerado hace que oscilemos entre cimas espirituales y valles emocionales. Esto puede dar lugar a mucho sufrimiento, hasta que cultivemos el amor como una forma potente de medicina energética que hará que nuestra personalidad regrese a su forma original.

Cuatro tipos de inflamación

En mi exploración del ego, he acabado por reconocer cuatro tipos básicos de inflamación. La primera es la *inflamación de tener razón*. Se caracteriza por una estructura del ego que se alimenta de la necesidad de tener siempre razón por medio de pretender que los demás están equivocados. Incluso si se halla en presencia de alguien que está diciendo algo totalmente correcto, el ego correspondiente a esta inflamación debe adoptar otro punto de vista en un intento de tener aún más razón que esa persona. Este tipo de ego vive para tener la última palabra, incluso si ambas partes están de acuerdo sobre el tema en cuestión. La frase de esta inflamación es: «Siempre estoy en lo cierto».

Uno de los aspectos de este tipo de ego es la *inflamación del escéptico*, que tiene lugar cuando un ego está convencido de que la forma en que ve el mundo es como todos los demás deberían verlo. En un intento inconsciente de mantener viva y activa la inflamación de tener razón, esta persona permanece escéptica en relación con todo punto de vista que no coincida con el suyo.

El segundo tipo es la *inflamación del victimismo*. Este es el tipo de inflamación en que un ego cree que siempre es víctima de las circunstancias. A partir de esta percepción, incluso cuando la vida parece ir bien, siempre ocurre algo que le da la vuelta y la pone al revés. El ego víctima se aferra con fuerza a sus juicios, creencias y opiniones como las razones por las cuales la vida de la persona es habitualmente caótica. Este tipo de inflamación se alimenta habitualmente de creencias supersticiosas. A menudo, cuanto más espiritual es la superstición, mayor es la inflamación. Tanto si la persona cree que la luz está enfrentada a la oscuridad como si cree que el bien debe combatir al mal, el ego víctima normalmente actúa como un agitador, y es seguro que se sentirá herido o desolado por la forma en que respondan los demás. Si los demás no responden en absoluto, el ego víctima se sirve de esta retroalimentación para sentirse invisible o inferior al mundo que lo rodea.

Es bastante difícil, aunque no imposible, que quien está atrapado en la inflamación del victimismo vea sus circunstancias como catalizadores divinos de la voluntad universal. El ego víctima no puede comprender que todo aquello que aparece en su realidad está ahí para ayudar a transformarlo. Esto se debe a que el ego víctima se alimenta del estancamiento; se niega a crecer en un mundo en que los cambios se suceden sin fin.

Así como la frase de la primera inflamación expuesta es «siempre estoy en lo cierto», la del ego víctima es «la vida no es justa». Cuando uno está bajo las garras de la inflamación del victimismo, todos y todo fuera de sí mismo es la fuente de su dolor, lo cual impide que esa persona reconozca una imagen cósmica mayor.

El tercer tipo de inflamación es la *inflamación de tener derecho*. La persona cree que tiene derecho a tener todo lo que quiere, exactamente cuando lo quiere, incluso a expensas o en detrimento de los demás. Por supuesto, no es inherentemente malo o problemático creer que uno es digno de recibir todo lo que desea, desde el momento en que el merecimiento es un aspecto de nuestra verdad más elevada. Sin embargo, cuando la personalidad se inflama, el sentido innato del merecimiento se exacerba. En la inflamación de tener derecho, el ego tiende a creer que todo el mundo debe satisfacer todos sus caprichos y exigencias con poca o ninguna consideración hacia las experiencias de los demás. Como puedes imaginar, la frase del ego que tiene derecho es: «¿Y yo?». Incluso cuando otros le sirven, las peticiones y exigencias de este ego que cree que controla a los otros personajes presentes en su vida nunca tienen fin.

El cuarto tipo de inflamación es la *inflamación de la necesidad*. Este tipo de ego, por más atención que reciba por parte de los demás, nunca siente que se le atiende lo suficiente. Por más seriamente que lo escuche otra persona, siempre tiene la sensación latente de no ser reconocido, de ser infravalorado o de no ser escuchado. Con esta inflamación presente, es fácil sentirse incomprendido. Por más tiempo, interés y atención que reciba la persona, este tipo de ego no para de tener ganas de más.

Tanto si está activa en ti como si lo está en alguien a quien conoces, la inflamación de la necesidad puede ser muy agotadora para quienes están en sus garras. Esta inflamación puede identificarse con la expresión *vampiro energético*. Cuando uno la padece, por más que los demás lo tranquilicen tiene siempre miedo de verse abandonado o dejado de lado, o de perder todo lo que se le ha dado. Como resultado de ello, la frase de la inflamación de la necesidad es: «Nunca es suficiente».

Si bien es posible que te reconozcas a ti mismo o que reconozcas a otros en estas descripciones, es habitual encarnar combinaciones de estos aspectos o entrar y salir de ellos, como cuando cambian los patrones climáticos. Hasta he visto estructuras egoicas que son combinaciones de los cuatro aspectos a la vez. Incluso en esta etapa de la inflamación, siempre existe la posibilidad de experimentar un verdadero alivio cuando amarse a uno mismo es la respuesta que uno permanece dando a cualquier pregunta o preocupación.

En cada uno de estos aspectos de la inflamación, siempre hay algo de verdad. Sin embargo, cuando la personalidad se inflama, las cosas se exageran mucho. Por ejemplo, en el estado natural de la verdadera naturaleza inocente, no es el deseo de tener razón sino la sabiduría del universo la que desea evitar sufrimientos innecesarios a los demás por medio de proporcionarles ideas que pueden ayudarles a cambiar su vida. Tener el deseo de señalar a alguien una dirección mejor como una manera de ayudarle en su viaje es un impulso maravillosamente inspirado. Sin embargo, cuando la personalidad se inflama, uno pasa de querer mejorar las vidas de los demás a necesitar tener siempre razón por medio de señalar lo equivocado que está el otro.

Incluso en la inflamación del victimismo hay algo de verdad en la experiencia de sentir que todo le está sucediendo a uno, de forma personal. Esto es un reflejo de la verdadera naturaleza inocente experimentando los altibajos de la vida desde una perspectiva cercana, íntima. Siempre es importante recordar que nuestro asiento en el teatro o la película de la vida está dentro del cuerpo del personaje principal. Esto significa que nuestro asiento de primera fila es el «yo soy». Hay, de hecho, algo de verdad en la experiencia directa de que todo nos sucede a nosotros. Sin embargo, cuando la personalidad está inflamada y la percepción de la vida resulta exagerada, parece como si todo en el mundo estuviese conspirando contra uno de una manera implacable y abrumadora.

Igualmente, en el caso de la inflamación de tener derecho, cuando estamos arraigados en nuestra inocencia natural, depende del poder de nuestra propia autoridad divina que recibamos todo lo que soñamos y deseamos. En cada respiración, tienes todo el derecho a tener más prosperidad de la que nunca pudiste imaginar, mantener relaciones comprometidas profundamente satisfactorias, viajar por todo el mundo y ver las creaciones más impresionantes que han tomado forma para reflejar la luz de tu eterna belleza. En nuestro estado natural, hay un nivel saludable de confianza cósmica que nos permite tener la cabeza alta y ser totalmente dueños de nuestras vidas como expresiones únicas del espíritu en acción. Sin embargo, cuando la personalidad se inflama y la visión de la vida pasa a ser exagerada, la confianza innata de ser merecedor se convierte en el deseo desequilibrado de que el mundo trabaje para uno a expensas de todos los demás.

Incluso en la inflamación de la necesidad puede verse una verdad. En el centro de nuestro ser mora un profundo deseo de conectarnos con los demás como una forma única de encontrarnos con nuestra propia divinidad de diferentes formas. Hay un deseo de conectar, de ser escuchado, de escuchar a los demás y de expresar la propia singularidad a lo largo de la obra de teatro o película que es la vida.

Pero cuando la personalidad se inflama, el deseo de expresarse y conectarse se convierte en necesidad, en un hambre infernal que no puede ser saciada. Por más que reciba uno de los demás, este tipo de inflamación solo le ocasiona más desesperación.

Al explorar el ego de una manera más centrada en el corazón, podemos tener más paciencia y compasión en nuestros encuentros diarios. En vez de ridiculizar o perseguir a los personajes que están en nuestras vidas, somos capaces de ver la luz de la Divinidad bailando en una película de percepciones exageradas. Si bien la capacidad de ver a este nivel puede verse limitada por la personalidad inflamada, cualquier cantidad de tiempo que pasamos incubados en el *capullo* del ego nos prepara para despertar una mayor verdad para todos.

La calamidad de la comparación

A pesar de que el ego es el subproducto de un sistema nervioso sobrestimulado, puede resultar más fácil entenderlo como una estructura de personalidad inflamada. Ir por ahí preguntándonos si nuestro sistema nervioso está sobrestimulado puede no ser tan eficaz como reconocer, en el transcurso del día, los momentos en que nuestra personalidad está inflamada. Cuando esto ocurre, ya sea momentáneamente o durante un largo periodo de tiempo, tendemos a percibir la vida a través de una lente que exagera lo que vemos. Esto nos lleva a interpretar el mundo a través de categorías de distinción.

Puesto que los juicios y las comparaciones nos van nublando la vista, tenemos la tendencia inconsciente a definir las cosas como buenas o malas, como menos o más, e incluso definimos la luz por oposición a la oscuridad.

Si bien el hecho de establecer comparaciones es natural en la sociedad de hoy en día, la vida no se ve necesariamente más clara cuando definimos todo lo que está a la vista estrictamente a partir de sus similitudes o diferencias con otras cosas. Imagina que te gusta alguien porque te recuerda a una persona a quien admiras. En lugar de abrazar su singularidad como individuo, lo estás aceptando o rechazando a partir de su parecido con alguien con quien has tenido una experiencia.

Hay incluso series de televisión que destacan esta tendencia de forma hilarante. Un ejemplo es el de un hombre que finalmente encuentra a la mujer de sus sueños, pero se siente torturado porque ella se llama igual que su madre (la de él). Cada vez que están juntos, su ego cree que se trata de una cita con su madre. A veces, mientras el protagonista intenta olvidar la asociación con su madre, la mujer de sus sueños dice frases familiares que hacen que él imagine la cara de su madre en su cuerpo. Esto ocurre reiteradamente, hasta que el protagonista no puede aguantar más, para diversión de la audiencia.

Otro ejemplo que se ve habitualmente en las comedias es la tensión que se crea entre un personaje principal y un aliado íntimo que, sin saberlo, se hace amigo del archienemigo secreto del personaje principal. Esto prepara el escenario para que el personaje principal le dé un ultimátum a su aliado: o bien le ayuda a buscar formas disparatadas de venganza contra su enemigo jurado o ya puede pasar a considerarlo su enemigo. Si bien es fácil que nos entretengan las acciones egoicas pero edulcoradas de los personajes de la televisión, es mucho más doloroso cuando nuestra propia tendencia a ver la vida a través de los velos de la comparación nos pasa desapercibida.

Cuando la personalidad está inflamada, podemos volvernos territoriales con las personas, lugares y objetos que definen nuestro sentido de la valía. Si bien esto puede hacer que seamos un aliado para aquellos que nos rodean, podemos crearnos igualmente un sinfín de enemigos, que cosecharemos entre quienes, sin saberlo, invadan nuestro territorio. He aquí algunos ejemplos: competir con nuevos compañeros de trabajo, sentirnos muy mal porque nuestro equipo favorito ha perdido en su propio campo, juzgar a otros en respuesta a cómo representamos que han maltratado a nuestros seres queridos... El carácter territorial del ego puede pasar fácilmente inadvertido cuando se confunde con el valor de la lealtad.

Si bien es maravilloso profesar lealtad, esta pasa a ser más bien un juego de poder territorial cuando el hecho de abrazar algo hace que ataquemos a otros que percibimos que están «en el bando contrario». Por otra parte, si estás apoyando y consolando a alguien querido que tiene el corazón roto, no puedes ayudarle a sanar por medio de añadir también tus juicios contra la persona que «le hizo el daño».

Cuando la personalidad está inflamada, la voluntad de amar se convierte rápidamente en la tendencia a culpar en respuesta a la forma en que tú u otra persona os estáis sintiendo. Puesto que el ego solamente puede existir como personalidad inflamada mientras el sistema nervioso está sobrestimulado, no puede ver el curso de la vida como una sucesión de nuevas oportunidades que no tienen por qué guardar similitud con otras (o diferir de otras).

De hecho, cuando el sistema nervioso se desenreda y sale de los patrones de sobrestimulación, desaparece totalmente la tendencia a juzgar por medio de la comparación o el contraste. Existe más bien la disposición innata a recibir cada día como suministrador de experiencias totalmente nuevas. Además, cuando las personas presentes en nuestras vidas se enfrentan a la desesperación de la adversidad, no hay ninguna necesidad de adoptar a sus enemigos como propios con el fin de escucharlas, abrazarlas y animarlas a través de un inesperado momento de transformación. Cuando nuestro sistema nervioso está relajado, resonamos de forma natural cuando apoyamos a los demás mientras sanan, en lugar de alimentar el fuego del antagonismo.

Por más traicionado o dolido que se sienta alguien, no hay sanación posible si pasamos el tiempo reuniendo un ejército con el fin de juzgar o perseguir a quienes parecen ocasionar tanto dolor. Si bien puede dar una falsa sensación de poder el hecho de unir egos contra un enemigo común con el fin de abatirlo, nuestros mundos no pueden llegar a ser lugares tranquilos, alegres y felices en los que estar mientras la tendencia a luchar no se convierta en una oportunidad de abrazar a quienes están sufriendo. Esto tiene lugar por medio de amar lo que surge. Cuando amamos al que está sufriendo, cuando aceptamos al que desea venganza y perdonamos al que guarda rencores, o cuando tenemos compasión por el que busca el conflicto en un intento de tener la última palabra, cada aspecto está aquí solamente para ser reconocido y abrazado como nunca antes.

Por más que sigamos siendo los que quieren tener razón, o las víctimas, o los que tienen derecho a todo, o los necesitados, esto no hace más que revelar un mundo que vinimos a transformar por medio de la gracia de nuestro corazón.

El amor como desinflamador

Además de las maneras irracionales en que puede ser que actúe la gente cuando está perdida en el ego, la personalidad puede entrar también en estados profundos de inflamación cuando el juicio es la respuesta a cualquier encuentro personal. Tanto si estás decepcionado por la falta de apoyo que padeces en tu vida como si imaginas que tu felicidad es el resultado final de un presunto cambio de comportamiento por parte de los demás, estas situaciones te procuran oportunidades para promover tu propia revolución del amor.

Esta revolución tiene lugar cuando recuerdas esto: «Soy aquel que merece más amor, no menos. Por más que me sienta decepcionado o enojado, o por más que insista en que necesito que los demás cambien, cada sentimiento está aquí para ser amado como solo yo puedo amarlo».

Independientemente de cuántas veces al día se inflame tu personalidad o de con qué frecuencia estén motivadas por el ego tus palabras y acciones, el objetivo no es que te juzgues a ti mismo por la cantidad de veces en que saltas reactivamente. En lugar de ello, estás cultivando la conciencia de cuántas veces a lo largo del día tu insistencia, temperamento y exigencias de apoyo externo pasan a ser invitaciones a amar lo que surge.

Cuando te encuentras agobiado por las exigencias de tu trabajo o atenazado por un plazo de entrega, es fácil que estés más preocupado por obtener un resultado final que por sintonizar con la inocencia de tu cuerpo. Cuando estás inflamado, puedes sentir como si estuvieras bajo una presión constante en una carrera contra el tiempo.

Si bien puede ser fácil señalar con el dedo acusador a las exigencias incesantes de la vida, tal vez tus circunstancias solo parecen tan abrumadoras cuando tu sistema nervioso está sobrestimulado.

¿Y si abrir tu corazón durante el calor del momento permitiera que los retos o plazos pasaran a ser emocionantes en lugar de intimidatorios?

Con el fin de que puedas aportar tus mayores cualidades para el bienestar de todos, es esencial que te conviertas en la fuente de tu propio sentimiento de realización. Por más que puedas estar operando desde el ego la mayor parte del tiempo, estos momentos te invitan a darte cuenta de esto: «No estoy aquí para ridiculizarme a mí mismo o ridiculizar el comportamiento de nadie. Merezco más amor, no menos».

Con el fin de incorporar esta verdad como una forma completamente nueva de ser, te invito a repetir el siguiente mantra sanador:

Siempre que se presenta el anhelo de tener razón, está aquí para ser amado, como solo yo puedo amarlo.

Cuando el victimismo es evidente, está aquí para ser amado, como solo yo puedo amarlo.

Cuando surge el «tengo derecho», está aquí para ser amado, como solo yo puedo amarlo.

Cuando la necesidad sigue estando presente, está aquí para ser amada, como solo yo puedo amarla.

Cuando el dedo acusador señala en cualquier dirección o se vuelve contra mí mismo, está aquí para ser amado, como solo yo puedo amarlo.

Cuando estoy agobiado por el estrés, la presión, las expectativas y las obligaciones de cualquier función o responsabilidad que estoy desempeñando en mi familia, en el trabajo o en cualquier relación, esto está aquí solamente para ser amado, como solo yo puedo amarlo.

Cuando la necesidad de más, el miedo a tener menos, la necesidad de menos o incluso el miedo a tener más nubla la claridad de mi sabiduría más profunda, esto está aquí para ser amado, como solo yo puedo amarlo.

Cuando me siento culpable, avergonzado, desesperanzado, retraído, sin inspiración, apático, crítico, cruel, insensible, hipócrita, rencoroso, deshonesto, pesimista, pasivo-agresivo o sarcástico, incluso todos estos están aquí para ser amados, como solo yo puedo amarlos.

Borrar todos los acuerdos kármicos

Al interactuar con quienes están en la otra vida, una de las experiencias más interesantes que tuve fue el compartir con un alma que me dijo lo mucho que se dejó llevar por la culpa y las obligaciones en una de sus encarnaciones. He escuchado esto a menudo: «Recuerdo haber contraído acuerdos en muchas vidas diferentes. Me castigué y juzgué a mí mismo para intentar estar a la altura de dichos acuerdos».

A medida que fueron capaces de ver la vida desde una perspectiva mucho más amplia, su culpabilidad y juicio se desvanecieron. A menudo los he oído decir: «Ahora veo que nunca habría estado a la altura de esos acuerdos. Todo lo que estaban destinados a hacer era mantenerme ocupado en la estructura misma que me motivó a buscar maneras de salir de ella. Ahora que soy libre, veo que esos acuerdos nunca los hice yo. Fueron cosas que acepté cuando no estaba en mis cabales».

A partir de trabajar con muchas personas que están lidiando con acuerdos que adoptaron en varias vidas, he visto de primera mano los beneficios de desenredar, sanar y limpiar tales acuerdos. Lo más probable es que cualquier acuerdo que pactaste fuera creado por el ego. Cuando la personalidad ya no está inflamada, uno ya no se halla sujeto a los términos y condiciones de un acuerdo. Esto esencialmente significa que una vez que se anula cada acuerdo hecho por el ego, uno ya no se siente asfixiado por la gravedad de la obligación. Al no haber ya obligaciones, uno puede decidir libremente e incluso crear nuevos acuerdos a partir de la libertad y la voluntad de la propia autoridad divina. Dado que los acuerdos adoptados por el ego constituyeron un intento de garantizar unos resultados que ya habían sido planificados por el universo para asegurar la evolución más alta de ese ser, no ofrecen ningún beneficio más allá de brindar alivio una vez que se borran.

Para experimentar la libertad respecto a las obligaciones de cualquier magnitud, repite este mantra sanador:

Limpio, desenredo, anulo y transmuto cualesquiera acuerdos, contratos, acuerdos energéticos, improntas o vínculos que he aceptado, en esta vida o en cualquier encarnación anterior, a través de la obligación, la conformidad, la manipulación, el miedo o en un intento de garantizar un determinado resultado en la vida. En adelante, quedo libre de estos acuerdos, contratos, acuerdos energéticos, improntas y vínculos en favor de la sanación, el despertar y la transformación de todos. A partir de este momento, gozo de libertad y claridad para tomar decisiones a partir de la libertad y la voluntad de mi más alta autoridad divina a través del poder del YO SOY que ahora he recuperado. Así es.

También es habitual que los émpatas carguen votos obsoletos que hicieron cuando fueron monjes y monjas en vidas pasadas, incluido el mismísimo voto del *bodhisattva*. El voto del *bodhisattva* puede ser malinterpretado como no dejar el plano de la Tierra hasta que todos los seres estén libres, despiertos y exentos de sufrimiento. Cuando se toma en sentido literal, a menudo fomenta la inflamación de tener razón a través de la creencia en el martirio espiritual. En realidad, el voto del *bodhisattva* más profundo no es un voto. Es darse cuenta de que con el fin de liberar a todos se debe aceptar que cada momento ha sido creado como una oportunidad de identificarse con la luz de la Divinidad. Una vez que esto ha sido aceptado, uno es capaz de permitir que cada momento de transformación se desarrolle con fe, alegría y compasión por uno mismo y por todos quienes están a su alrededor como una celebración del destino más alto que pueden realizar estando encarnados.

Al convertirte en la que parece ser la primera persona del mundo que permanece erguida en el resplandor de su propia autoridad divina, das inicio al nuevo paradigma de la consciencia centrada en el corazón.

La visión que se revela a través del voto del *bodhisattva* apunta a advertir la diferencia entre la verdadera naturaleza liberada y la inflamación del ego. Como has estado aprendiendo, cualquier grado de inflamación sugiere un viaje espiritual en curso, mientras que la encarnación de la verdad totalmente despierta refleja que el viaje ha terminado.

Cuando te hallas totalmente despierto y eres una expresión encarnada de la Divinidad, tu viaje en realidad no ha acabado, sino que haces la transición a etapas superiores de expansión. Las diferencias que se señalaron en relación con el voto del *bodhisattva* pueden representarse a menudo como la relación existente entre las flores y las semillas. Así como la semilla ya contiene el potencial de la flor, debe ser enterrada y expuesta a los elementos de la naturaleza con el fin de echar raíces y acabar por florecer. Aunque las semillas constituyan ya la naturaleza de cualquier flor, no pueden sentir el éxtasis de su propia fragancia y liberar su perfume al jardín de la existencia hasta que hayan llegado a la floración.

Para abrazar tu disposición a florecer, como una manera de ayudar a todas las semillas a lo largo del camino del crecimiento, es importante que te liberes de los votos contraídos bajo la influencia de la personalidad inflamada. Si bien tu intención fue buena cuando contrajiste esos votos, te han mantenido ocupado con el ego espiritual, lo cual te impide seguir evolucionando. No es que los votos no tuvieran un propósito en el momento en que los tomaste: su propósito último era que llegases a desprenderte de ellos. No pueden seguir siéndote de ayuda hasta que los sueltes.

Incluso cuando crees que has tomado tus votos desde el espacio más puro de tu corazón, debes recordar este punto clave: solamente los egos negocian estos acuerdos o asumen cualquier voto.

En todos los acuerdos o votos espirituales existe la percepción de estar comprometiéndonos con el universo, como si fuéramos alguien o algo distinto del universo adoptando una forma. Aunque la semilla haga un acuerdo, este ya no es válido para la realidad de la flor. Con el fin de completar tu viaje y transformar las semillas de la Divinidad en las flores de la verdad, debes prescindir de cualquier voto o acuerdo que te ligue a la vida.

Incluso cuando se establece un acuerdo entre dos personas, lo normal es que acepten los términos y condiciones como si ambas fuesen algo distinto del universo tomando forma. Si ambas se conociesen a sí mismas como la totalidad de todo, ni tan siquiera surgiría nunca la necesidad de un acuerdo. Es algo muy parecido a lo que ocurre con nuestros dedos: no necesitan llegar a acuerdos con el fin de trabajar juntos como mano. Si tenemos a un niño que accede a las exigencias de su padre tanto para evitar un futuro castigo como con la esperanza de ganarse su aprobación amorosa, este tipo de acuerdos solo pueden tener lugar en un estado de coacción.

Sea cual sea el acuerdo, únicamente tiene lugar cuando uno se ve a sí mismo como algo distinto del universo e intenta negociar con alguien que también es distinto del universo. Esto solo puede tener lugar dentro del punto de vista exagerado de una personalidad inflamada.

Sé que fui monje tibetano en vidas pasadas, y reconozco los votos que tomé como una de las declaraciones más bellas que existen. De todos modos, tomé esos votos como si fuese alguien distinto del universo. Y como si el universo fuese algo distinto de mí..., de modo que había que negociar con él los términos y las condiciones. Era como si ambos fuésemos dos personajes distintos en una película que tuviesen que ponerse de acuerdo.

Pero nuestra experiencia de la vida reside en dimensiones de posibilidades infinitas, porque somos el universo mismo celebrando su verdad eterna dentro de formas físicas.

Todo lo que vemos a nuestro alrededor es una proyección de energía que emana de nuestro interior. Una vez que tenemos este cambio de percepción, cualquier acuerdo o voto que hicimos desde el ego deja de estar vigente.

No es que nunca deberíamos haber hecho ese voto o haber estado de acuerdo con sus términos. Es solo que los tiempos cambian; el planeta evoluciona. Y a medida que los seres evolucionan, también deben hacerlo los caminos espirituales que tienen la esperanza de inspirar el crecimiento espiritual y la expansión a quienes anhelan despertar.

Puedo confirmarte que has llegado a un punto emocionante de la historia. Has satisfecho con éxito las aspiraciones de tu impulso espiritual más profundo. A través de las experiencias a las que has sobrevivido hasta llegar a este punto, has cumplido con todos los requisitos que cualquier voto o acuerdo trajeron a tu camino. Al celebrar tu graduación en un nuevo nivel de consciencia, es el momento de que aligeres tu carga y te liberes del pasado para poder entrar fresco, renovado y renacido en este momento. Al empezar a ver este momento como un recién nacido espiritualmente alineado, traes a la vida el éxtasis de una realidad completamente nueva.

En honor a que has dado el paso tan valiente de franquear la siguiente etapa, emocionante, de tu viaje, y te has aventurado más profundamente que nunca en el corazón de la rendición, te invito a repetir el siguiente mantra sanador:

Como el amo de mi destino y el creador de mi realidad, acepto que todos los contratos, acuerdos y votos formales que establecí no los estableció la verdad que YO SOY. Los suscribió una estructura de personalidad inflamada que pensé que era yo, pero que ahora sé que no es la verdad más profunda de mi ser.

Acepto que ni el universo ni mi más alta verdad me harían ni me podrían hacer nunca responsable de los acuerdos que adopté cuando estaba inocentemente perdido en estados exagerados de inconsciencia. Acepto que no me equivoqué al asumir esos votos o adoptar cualquier acuerdo. Formaban parte de un plan divino que me condujo a encarnar en un mundo en el cual los contratos, votos y acuerdos tenían sentido. Al tomarme tiempo para anularlos, libero al mundo en el proceso.

Al saber lo que sé ahora, en este momento anulo todos los contratos y acuerdos, conocidos y desconocidos, visibles e invisibles, recordados y olvidados, que están registrados en la memoria celular de mi mente subconsciente. También suelto y entrego todos los votos formales que haya podido hacer como monje o monja. Esto incluye el voto de pobreza, el voto de castidad, el voto de renuncia, el voto de silencio y todos los votos mal comprendidos del *bodhisattva*; también incluye los acuerdos de victimismo, codependencia y martirio, así como cualquier otra cosa creída, imaginada, aceptada o asumida por el ego.

Avalado por mi propia autoridad divina, permito que todos estos votos sean borrados y expulsados de mi campo energético; que sean devueltos a la fuente de donde salieron, transmutados por completo y devueltos a la pureza, completitud y perfección de la luz eterna. A partir de este momento, reclamo mi poder total y absoluto, y permito que esta personalidad exprese de forma única la luz de la Divinidad que completa la misión que vine a cumplir aquí. De ahora en adelante, activo y encarno una nueva consciencia centrada en el corazón que lo sana, despierta, transforma, hace renacer y libera todo mientras YO SOY ahora. Así es.

¿Puedes sentir cómo tu campo energético se aligera o se abre? ¿Puedes sentir cómo se relaja tu cuerpo? ¿Puedes percibir cómo tu corazón se abre aún más? Tal vez estás viendo con mayor claridad que nunca que tu personalidad no se creó para ser desechada o dejada de lado. Como todo lo que existe, fue creada por la divinidad que eres como una oportunidad de experimentar la alegría de la transformación, como celebración de tu verdadera naturaleza inocente y tu eterna belleza cósmica.

Al reconocer al ego como el subproducto de un sistema nervioso sobrestimulado, eres capaz de ver cómo la inocencia de la personalidad puede perderse en un punto de vista edulcorado. En lugar de juzgar tu propio ego, o el de otras personas, puedes acercarte a él con bondad y compasión, como harías con una persona que se estuviera recuperando de una enfermedad.

No tienes que juzgar a nadie por inflamada que se muestre su personalidad teniendo la oportunidad de mantener un espacio sagrado para que todos los corazones puedan sanar. Con esta nueva conciencia, puede ser que estés en compañía de un miembro de tu familia y que tan pronto como empiece a hablar de ciertos temas reconozcas que su personalidad se está inflando.

Cuando esto suceda, verás que ya no estás conectando con su inocencia, sino que estás experimentando que hay algo exagerado en su interior. Al ver la inflamación de la personalidad como la inconsciencia del ego en acción, esta pasa a ser tu invitación a amar tu propio corazón en respuesta a las situaciones que estás experimentando.

Puesto que el amor que te ofreces a ti mismo se entrega simultáneamente a todos los corazones, ya no eres una víctima en el viaje de sanación de nadie ni estás obligado a permanecer en ambientes en los que no te sientas seguro. Tanto si aún estás inflamado como si te estás desenredando, se te invita a dar el siguiente paso importante en tu viaje: asumir la libertad de tomar decisiones inspiradas ahora que la obligación y la conformidad ya no condicionan tu vida.

Verse libre de los cuatro tipos de inflamación

Al disolver acuerdos, contratos y votos, ayudamos a liberar nuestra personalidad de los cuatro tipos de inflamación. Por ejemplo, cuando borramos los votos formales de ser un monje o una monja que muchos émpatas llevamos en las células del cuerpo, la personalidad se ve liberada de las identidades que son la inflamación de tener razón y la de tener derecho. Esto nos permite descansar en la humildad de nuestro corazón sin necesidad de vernos limitados por el marco de un rol específico. De este modo, ya no necesitamos que el mundo sufra dolor con el fin de que nos brinde la oportunidad de que compartamos nuestros dones. En lugar de ello, ofrecemos la magnificencia de todo don que ayude al mundo a evolucionar hacia niveles más altos de consciencia sin necesitar que nadie sufra a lo largo del camino. A medida que deponemos los acuerdos, incluidos los vínculos con quienes pueden habernos herido, abandonado o traicionado, dejamos de tener la tendencia a definirnos por un pasado al que estábamos destinados a sobrevivir.

Si bien muchos acuerdos nacen para ser borrados, no es necesario prescindir de todos los votos en el transcurso de esta vida. Si has sido bendecido con una hermosa relación de compromiso o con un matrimonio en que tomasteis los votos como una elección consciente para celebrar vuestro amor, estos votos van a apoyar la evolución de vuestro viaje. Al mismo tiempo, por más acuerdos o votos formales que hayas suscrito, esto no puede cambiar el hecho de que un día puedes despertar como una versión diferente de ti mismo que no sea la personalidad inflamada que participó en la adopción de esos acuerdos.

Puedes experimentar un sentimiento de culpa por no desear ya ese vínculo. Sientes como si no tuvieses derecho a tomar una nueva decisión o temes que el universo te tenga en mala consideración por el hecho de que ahora quieres algo diferente. Si bien esto puede constituir una oportunidad de reconocer la culpa como el siguiente de la fila al que amar, esta práctica no puede sustituir las elecciones valientes que solo tú te contienes de tomar. En el caso de quienes mantienen una relación consciente, el compromiso más profundo es despertar cada día y decir: «Hoy no soy el que era antes. Soy una versión completamente nueva de mí mismo que solo puede seguir la inspiración del día de hoy. En esta nueva realidad, te elijo de nuevo sea lo que sea lo que nos depare el día».

Esto te ayuda a construir una relación con tu realidad actual en lugar de verte constreñido por el pasado. Si llega un momento en el que sientes que ahí es donde termina vuestro viaje juntos, esto solo puede significar que la sabiduría del universo está guiándote hacia delante, hacia nuevos capítulos de crecimiento y expansión. Esto te permite abrazar a cada persona mucho más profundamente, pues no se sabe durante cuánto tiempo vais a permanecer juntos. Mientras tanto, ese tiempo es muy valioso. Desde este espacio, toda relación se convierte en una expresión íntima del amor en acción. Esto invita a que todas las conexiones sean vivificadas en cada respiración, y debe inspirarte a que participes conscientemente en las relaciones que aceptes mantener.

A medida que avanzamos en nuestro viaje, pasa a ser crucialmente importante que las relaciones sean conscientes. Estas relaciones cobran vida cuando los acuerdos se hacen de corazón a corazón en vez de haber sido negociados por el ego.

Cuando los acuerdos ya no tienen su origen en la obligación, la escasez, el miedo o la coacción, recordamos las infinitas opciones que están siempre disponibles. Este recuerdo es transformador; nos cambia la vida.

Momento a momento, somos libres de tomar decisiones en nombre del amor con el fin de descubrir la alegría que siempre estuvimos destinados a encontrar.

Un monje meditando en la cumbre de una montaña

En honor de los acuerdos y votos de los que te has desprendido con éxito, quiero compartir un recuerdo que acudió a mí un día, que tenía relación con una vida pasada en que fui monje. Tan palpable como cualquier objeto que pueda tocar, se me mostró una visión de mí mismo como un monje que se hallaba meditando en la cumbre de una montaña. Durante esa meditación, experimenté una sensación en el cuerpo que me dijo: «Estoy a escasos segundos de alcanzar el nirvana». Los monjes consideran que el nirvana es la absoluta realización y encarnación de la verdad; el mayor de todos los logros espirituales.

Mientras sentía la llegada del nirvana, estaba temblando y trataba de mantener la atención mientras esperaba la llegada de mi ceremonia de graduación. Tan pronto como se abrió el nirvana, mi forma física como monje se disolvió. Mi corazón se detuvo por completo mientras eclosionaba el nirvana.

Entré inmediatamente en la luz y regresé a la Fuente. A esto es a lo que hacen referencia muchas descripciones del cielo o de la otra vida. Recuerdo que estaba muy confundido mientras abandonaba el cuerpo. Empecé a hablar con un ángel que estaba ahí guiándome en mi retorno. Le pregunté:

—Estaba a punto de alcanzar el nirvana. ¿Por qué no pude quedarme más tiempo?

Estaba muy frustrado. El ángel me miró y dijo algo espectacular:

—Siempre habrías sentido como si estuvieras a escasos segundos de experimentar el nirvana. Habrías quedado atrapado en ese momento de anticipación hasta el final de los tiempos. —Cuando le pedí que se explicara más, añadió—: Siempre habrías sentido como si tuvieses el nirvana casi al alcance de la mano, o como si te hallases a escasos momentos de tu graduación, porque estabas bajo la impresión de que eras algo distinto del universo y estabas tratando de verte completado. ¿Puedes ver que ya has estado en el nirvana, experimentando la vida como una persona que meditaba o un monje que iba en busca de dicho nirvana?

Mientras el ángel pronunciaba esas palabras, se me reveló la verdad en un nivel cósmico. Me vi, desde un punto de vista omnipotente, en pantallas holográficas. Se me mostraron imágenes de la vida que tuve antes de hacerme monje. Vi imágenes de haber sido criado en un hogar donde se maltrataban y donde mi personalidad se inflamó en mi intento de igualarme con los egos que había a mi alrededor. Adquirí conciencia del acuerdo inconsciente que estaba adoptando: «Tal vez si llego a ser más como ellos, van a excusarme más a menudo».

Mientras vivía en ese entorno, esperaba que los acuerdos que hacía desde el punto de vista negociador del ego me harían merecedor de la misericordia divina y me vería libre del maltrato. Cuando, al final de la adolescencia, tenía una edad que me permitía cuidar de mí mismo, me refugié en un monasterio. Tomé los votos formales del monje como una manera de tratar de borrar los recuerdos y la identidad de haber sido víctima de una familia maltratadora.

Al aceptar esos votos, me sentí aliviado de la egoica inflamación del victimismo. Desde este punto de vista, pude ver que en realidad no escapé del ego sino que lo reconfiguré como un nuevo personaje espiritual. Sin tener la culpa de ello, pasé de la inflamación del victimismo a un estado superior: la inflamación de tener razón. También pude ver que esto no constituía ningún tipo de error. Era un paso necesario en mi viaje, algo que no habría podido transcurrir de ninguna otra manera. Comprobé que cada uno de esos eventos me llevó exactamente adonde necesitaba estar: sentado en la cumbre de una montaña a escasos segundos del nirvana.

Mientras observaba esa vida, me di cuenta de que los votos y acuerdos que había contraído, si bien habían sido maravillosamente pertinentes, vitales y esenciales en el momento, ya no eran válidos más allá de ese punto. En muchos casos, los catalizadores que inspiran claridad y alivio en un nivel de consciencia pasan a ser lo mismísimo que hay que soltar para ir aún más lejos; se nos queda pequeño. Pero al igual que ocurre en el viaje del despertar, todo aquello que empujamos a un lado, descartamos o juzgamos como espiritualmente irrelevante en etapas posteriores volverá a ser lo mismo que estará a la espera de ser amado y abrazado.

Cuando miro hacia atrás en esa vida en particular, a todos los acuerdos que hice con una familia maltratadora, veo que mi forma de ser amado consistía en que me maltratasen con menor frecuencia. Durante esos tiempos, los acuerdos que suscribí me sirvieron en gran medida para sobrevivir.

Tomar los votos como monje fue esencial para liberarme de la identidad de la víctima, aunque solo significara cambiarla por una identidad más sofisticada espiritualmente.

Al terminar esta visión, tuve claro que ya no iba a establecer más acuerdos a partir de la obligación o a adoptar votos desde un espacio de miedo. Tomaría decisiones inspiradas, desde el corazón, arraigadas en la libertad del amor.

Lo más sorprendente de todo fue que cuando me concedí el permiso de elegir reconocí que la reivindicación de mi poder era el miedo más primario que debía afrontar. Al igual que muchos seres energéticamente sensibles, en realidad no tenía miedo de lo que pudiera estar acechando en la oscuridad, sino que me sentía intimidado por la luz y el poder de mi propia autoridad divina.

Puedes pensar que tienes miedo de las adversidades insuperables o la inevitabilidad de la pérdida, pero tal vez tu miedo real es afrontar y aceptar la intensidad de tu propio brillo.

Cuando permaneces firme en el resplandor supremo de tu naturaleza inocente, dejando que la libertad elija lo que únicamente el amor puede abrazar, no hay obligaciones o motivaciones basadas en la culpa. Solo existe la voluntad de ser lo que estás destinado a ser como un regalo para todos quienes florecen ante ti.

7

Transformar la película

Incluso cuando uno ya se ha dado cuenta de que es el universo entero expresándose en forma física, mientras otros hacen lo mismo, la representación teatral sigue teniendo lugar, o la película sigue proyectándose. No estamos aquí para poner fin a la película o a la obra sino para transformarla en vibraciones superiores de consciencia. A medida que la obra se expande, les otorga a todos mayor permiso para visualizar el mayor sueño que nacimos para manifestar.

A medida que uno se da a sí mismo el amor que solo él puede proporcionarse, empieza a advertir que únicamente es posible acceder a los niveles más profundos de la evolución espiritual a través del dominio de las relaciones. Esto incluye la relación entre la mente y el corazón, que se vehicula como la relación entre el padre y el niño interior. También incluye la que se da entre los hemisferios izquierdo y derecho del cerebro, la cual equilibra los cuerpos mental, físico, emocional y energético. Además, comprende el dominio de la relación entre el yo y lo externo a través de la percepción del mundo que nos rodea.

Cuando todas las interacciones que tenemos con la familia, con los amigos o en el lugar de trabajo se convierten en oportunidades para servir a la humanidad que está despertando, nos hemos convertido en maestros de las relaciones. Ya no puede satisfacernos estar iluminados en privado e inflamados en público ahora que sabemos que cada momento de conflicto constituye una oportunidad de descubrir los regalos más profundos que nos brinda la vida.

Es comprensible que te resulte difícil participar en conversaciones desde el estado de amor más puro cuando te encuentras con personas que no están necesariamente enraizadas en una vibración similar. Quienes permanecen en diferentes longitudes de onda de la consciencia pueden no estar interesados en lo mismo que a ti te atrae o pueden no estar dispuestos a concederte la misma cantidad de tiempo que tú les estás brindando. Tal vez no quieren o no pueden darte el mismo grado de paciencia que tú estás ofreciendo o no están tan interesados en conocer tu vida como lo estás tú en conocer la suya. Puede ser que ni siquiera les interese en conocer las profundidades del viaje espiritual que a ti te emociona compartir. Cuando te encuentras en este tipo de situaciones, puede ser difícil para ti implicarte conscientemente con personas que operan desde un punto de vista muy diferente.

Con el amor como guía, puedes verte inspirado a comunicarte de una manera tal que tus regalos más profundos afloren a la superficie. No hace falta que sigas esperando que los demás estén en la misma onda espiritual con el fin de mostrar cuánto les importas.

En un nivel subconsciente, la forma en que los demás interactúan con nosotros no determina la calidad de nuestras experiencias. De hecho, esta calidad tiene como base la libertad con que damos o cuánto retenemos. Esto significa que nuestras experiencias de discordia con los demás no tienen como base, en realidad, lo que nos ofrecen o nos quitan, sino lo que les ofrecemos o dejamos de ofrecer.

Cuando estamos dispuestos a dar más amor, y no menos, incluso cuando nos hallamos ante comportamientos que no merecen necesariamente una ofrenda como esta, estamos eligiendo seguir la senda más noble y espiritualmente relevante.

Cuando alguien te dice palabras que pueden no sentarle bien a tu cuerpo (palabras que pueden ser dichas en tono sarcástico y que pretenden juzgarte en lugar de inspirarte), esto no hace más que ofrecerte mayores oportunidades de elevar la vibración de tu respuesta.

Cuando respondes a las críticas de cualquier persona con amor, compasión y aceptación, estás dando un paso adelante como maestro de las relaciones para crear tus propias experiencias, lo cual no tiene nada que ver con la manera en que te trata nadie.

De la forma más revolucionaria, te das cuenta de que tu experiencia se ve solamente definida por cómo la forma en que respondes a los demás siembra en ellos semillas que van a ser muy significativas para el viaje que tienen por delante.

El poder curativo del cumplido

Incluso cuando nos encontramos con alguien en su momento más bajo, ya sea porque esté experimentando vergüenza, desesperación o peligro, siempre podemos apoyar la evolución de esa persona y crear una experiencia más agradable para ella sin tener que pactar con su personalidad inflamada. Guiados por el amor, ya no necesitamos que cambie con el fin de ayudarla en su viaje, y tampoco necesitamos hacer confluir nuestra energía con la suya hasta que evolucione.

Esta es precisamente la inestimable comprensión que obtuve mientras el hecho de amar lo que surge iba transformando cada una de mis relaciones e interacciones. Me di cuenta de que cada uno de nosotros es portador de una frecuencia vibratoria única que solo nosotros somos capaces de traer al mundo. La manera en que podemos transmitir esta energía es a través de ofrecer un *cumplido*. Si bien los cumplidos se pueden usar mal en la sociedad y trivializarse como una forma de manipular a los demás para que nos den lo que deseamos, el propósito espiritual de un cumplido es ofrecer una bendición desinteresada de reconocimiento que les recuerda a los demás lo profundamente que son valorados y lo mucho que merecen.

Tal vez una de las prácticas más espiritualmente relevantes es ofrecer este tipo de cumplido a todos con quienes nos encontramos, incluso si estamos interactuando con personas cuyas creencias o comportamientos difieren de los nuestros. El solo hecho de ofrecerles contacto visual y una sonrisa durante un momento hace que les estemos transmitiendo nuestra frecuencia vibratoria única para elevar su experiencia. Aquella persona con quien vayamos a interactuar es el siguiente de la fila a quien le corresponde recibir este regalo. Así ha sido dispuesto.

Tal vez al ofrecer esto a los demás nos convertimos en quienes les dicen aquello que han estado esperando escuchar desde hace mucho tiempo. Desde este espacio, ayudamos a liberar a otro corazón de una historia de dolor, mientras ofrecemos una frecuencia única de consciencia que nadie más puede transmitir.

Conviértelo en un regalo

Uno de los temas más recurrentes que he visto a lo largo de todas las etapas del camino espiritual es la tendencia a estar despierto en privado e inflamado en público. Esta tendencia puede inducir a los seres enérgicamente sensibles a permanecer recluidos en el hogar o atrincherados en comunidades espirituales, ocultándose del mundo que los rodea. El comportamiento de esconderse del mundo tiene como principal causa el hecho de que no saben cómo responder a los residuos sin resolver que detectan en los campos energéticos de los demás.

Cuando no sabemos cómo responder a las acciones de los demás, sin saberlo, de forma inconsciente, bajamos la vibración para que coincida con su energía. Hacemos esto en un intento de convertirnos en un espejo de la consciencia del otro, con la esperanza de que nos vea como a un igual y así podamos evitar que nos inflija dolor, nos acose o abuse de nosotros.

La pregunta continúa siendo: ¿cómo interactuar con una persona, independientemente del punto en que se encuentre en su camino, sin bajar el nivel de la propia experiencia para hacerla coincidir con la de esa persona como estrategia de defensa energética? La respuesta es aprender a comunicarse a través del acto de hacer un cumplido en un proceso que llamo *conviértelo en un regalo*.

Descubrí este proceso durante una conversación bastante intensa que me reveló espontáneamente nuevas formas creativas de amar lo que surge.

Hace unos años, pasé por un programa de limpieza muy completo en el que trabajé con una profesional de la biorretroalimentación para desintoxicar mis órganos. Pronto me di cuenta de que nos habíamos desviado de mi sesión de sanación; allí estaba yo escuchando a esa terapeuta, que me brindó una charla de treinta y cinco minutos sobre supersticiones espirituales, el miedo y teorías de la conspiración.

Al relajarme en la escucha, vi que si bien esa persona estaba abierta a los asuntos espirituales y probablemente había tenido algunas experiencias muy profundas, no se había ocupado de su sistema nervioso sobrestimulado.

Era como si su ego estuviera completamente intacto, decorado, eso sí, con un sinfín de creencias espirituales (mayores enemigos que superar, batallas más grandes que ganar y preocupaciones más importantes que prever). Mientras hablaba del deterioro de la humanidad, yo me limitaba a escuchar, sin necesidad de estar en desacuerdo con nada de lo que decía. Percibí que estaba respirando de manera rápida y poco profunda. En respuesta, empecé a respirar lentamente.

Cuando cambié mi forma de respirar, pensé: «Voy a relajarme y limitarme a escuchar. Voy a esperar mi turno, y cuando me toque responder, voy a convertirlo en un regalo». Puesto que se iba enojando ella sola en un frenesí terrible, habría estado muy justificado que la hubiese interrumpido y le hubiese dicho: «No quiero hablar de estos temas durante mi programa de desintoxicación». Pero entonces no habría aprovechado la oportunidad de intentar inspirar y mejorar su viaje. Sabía que si bien actuaba a partir de un estado de inflamación, estaba allí solamente para ser amada.

Este fue mi desafío del momento: cómo transmitir esta verdad sin corregirla o sin coincidir con su inflamación del victimismo, la de la necesidad y la de tener razón, lo cual solo habría desencadenado más de lo mismo. Puesto que un ego no puede estar contento con el solo hecho de llamar la atención sobre algo importante para él, siempre necesita reclutar a alguien a sus filas. Así que, finalmente, ella me hizo la pregunta perfecta:

—¿Y usted qué piensa?

Tomé aire, la miré fijamente a los ojos y, en un momento de inspiración divina, le dije:

—Es evidente que le apasiona mucho este tema. El hecho de que esté compartiendo conmigo lo que es tan profundamente importante para usted me permite sentirme más conectado con usted que antes. Gracias por ese regalo.

Quedó completamente aturdida. No traté de hacerla callar, pero se quedó sin saber qué decir. Nos miramos a los ojos durante un minuto aproximadamente sin hacer nada más. Después, regresó a su trabajo (facilitar mi sesión de sanación) y no volvió a mencionar nada atemorizante.

Durante el resto de mi tiempo con ella, fui capaz de interactuar con las más altas cualidades de su brillo interior, dándole así la oportunidad de reunirse con la inocencia que durante tanto tiempo se había escondido detrás del escudo de sus supersticiones de base espiritual.

En ese momento me di cuenta de algo: *nunca tengo que ser víctima de la inconsciencia de nadie. Ya no tengo que volver a bajar mi vibración para que coincida con la de los demás, con la esperanza de verme libre de sus abusos o juicios. Sencillamente, puedo convertir la situación en un regalo.*

Otro ejemplo de «convertir la situación en un regalo» lo viví en un centro comercial cuando me encontré con un amigo al que hacía unos diez años que no veía. Lo primero que me dijo fue:

—¡Parece que has ganado unos cinco kilos!

Sonreí para mis adentros. Pensé: «¡Caramba!, no te he visto en diez años y así es como empezamos. ¡Increíble!». Por extraño que parezca, como en ese momento de mi vida el hecho de amar lo que surge ya se había convertido para mí en una práctica habitual, me sentí intrigado por su declaración, en lugar de herido por ella. En ese instante me di cuenta de que ahí había otra oportunidad de convertir una situación en un regalo. Sin sarcasmo, le dije:

—Tienes razón; he ganado unos cinco kilos, y el hecho de que me lo estés haciendo notar me permite saber que realmente te preocupas por mi bienestar. Contigo por testigo, declaro mi intención de ocuparme más de mi salud. Como me comprometo a estar más sano que nunca y quitarme este sobrepeso de encima, me aseguraré de mantenerte regularmente al día de mis progresos, ya que pareces tan interesado. Gracias por tu apoyo; es un gran regalo para mí. Realmente siento que lo que has dicho va a serme de ayuda.

Me miró muy sorprendido, y percibí que estaba pensando: «¡No lo he dicho como un cumplido!». Por supuesto, yo era consciente de que no había pronunciado esas palabras con el mayor cuidado ni fruto de su preocupación por mí, pero opté por tomármelo como un cumplido y convertirlo en un regalo que ofrecí a cambio. Sean cuales sean las circunstancias, el amor puede soportar cualquier tipo de juicio o burla y convertirlo en algo más liberador: en un regalo para el viaje de los implicados.

Tanto si piensas que los demás merecen tus cumplidos como si piensas que no los merecen, tu capacidad de responder más generosamente es el factor que determinará si disfrutarás de tu experiencia independientemente de con quién te encuentres. Cuando los demás juzgan, acosan y arremeten, recuerda con qué frecuencia su corazón se ve ignorado. Si bien sus acciones te muestran dónde se encuentran en su camino, esto te da la oportunidad de hacerles un regalo que no son capaces de hacerse a sí mismos. Cuando las acciones inconscientes de los demás te inspiren a convertir la situación en un regalo, accede al poder que tiene un cumplido totalmente sincero de transformar la realidad con elegancia.

Por extraño que pueda parecer, el noventa y ocho por ciento de todo lo que realizamos en el camino espiritual no es nunca lo que nadie necesita saber de nosotros. Lo que realmente necesitan los demás son los regalos que solo nuestros cumplidos, compasión y amor pueden proporcionar.

Cuando se empieza a ver esto desde una nueva perspectiva, podemos preguntar: «¿Por qué están compitiendo por mi atención todas estas personas?», «¿Por qué me drenan la energía?», «¿Por qué necesitan los demás tanto de mí?», «¿Por qué lo que les doy no es nunca suficiente?».

A través de las acciones inconscientes y los comportamientos crueles de los demás, puedes ver que su inocencia te está diciendo: «Tienes un regalo para mí que no me estás dando. Si bien no estoy actuando de una manera tal que me haga merecedor de tu regalo, te estoy mostrando lo inflamado que me encuentro y lo mucho que estoy sufriendo. Te estoy mostrando lo que solo el favor de tu mayor cumplido puede ayudar a liberar en mí».

El cultivo de la autenticidad

A veces, cuando enseño la práctica de convertir las situaciones en regalos, puede aparecer una sensación de desacuerdo dentro de la personalidad inflamada en relación con los cumplidos. Para algunos, es como si ofrecer un cumplido a alguien que no nos está tratando bien hiciese que, de alguna manera, la propia integridad quedase en tela de juicio. Por ejemplo, hay quienes se preguntan: «¿Cómo puedo ofrecer un cumplido a alguien cuando no lo siento auténtico?».

La autenticidad emana del subconsciente. Como he descrito anteriormente, la mente subconsciente clasifica las cosas en dos categorías básicas: lo familiar y lo extraño. Cuando algo nuevo llega a nuestro campo energético, la sensación de falta de autenticidad se experimenta porque eso es algo que el subconsciente no tiene registrado como experiencia.

Cuando una experiencia en particular cae en la categoría de extraña, por lo general no se le ha dado permiso al cuerpo para resonar con ella. A veces, la enseñanza de convertir la situación en un regalo queda atrapada en el filtro del subconsciente, lo cual nos lleva a decir: «Puesto que no tengo la experiencia de haber hecho esto de forma regular y no me lo inculcaron de pequeño, lo siento poco familiar. Mi cuerpo no está resonando con ello, y esto me hace sentir como si se tratara de algo que no va a resultar útil».

El subconsciente puede estar más familiarizado con la defensa o la réplica cuando los demás se muestran desagradables.

Cuando se presenta una enseñanza como esta, que invita a amar en respuesta a la confusión personal, puede que se cuestione la autenticidad de la actitud propuesta. Pero con cada cumplido sincero vamos redirigiendo al subconsciente para que vea todas las experiencias que se presenten como una oportunidad de abrirnos en lugar de encerrarnos, retirarnos o atacar. Con frecuencia nos encerramos para protegernos en caso de ataque o dolor. Si bien nuestra esperanza es que con una postura defensiva evitaremos más conflictos o estrés, es importante recordar que el amor no es una energía defensiva. Es una energía proactiva que solo tiene regalos por compartir.

A través de la práctica de amar lo que surge empezamos a darnos cuenta de que nuestra práctica diaria de establecer un contacto visual más profundo, sonreír a los que pasan y abrazarse uno a sí mismo con más frecuencia mientras convierte cualquier cosa que se presente en un regalo revela la forma más elevada de la alegría centrada en el corazón. Como maestro que está evolucionando y entrando en un nuevo paradigma espiritual, te das cuenta de que toda la sabiduría que has recabado en la intimidad de tu propio camino está destinada a mostrarse como un regalo para todos. Mientras ocurre esto, puedes contribuir a la expansión de los demás, sin que los comportamientos inconscientes socaven la calidad de tu experiencia. En lugar de ello, esta calidad se basa únicamente en lo cuidadosamente que respondes.

Con el tema de la autenticidad se trata solo de exponer al subconsciente a una nueva serie de elecciones inspiradas. Al hacerlo, ayudamos a dar cumplimiento a todas las oraciones, sueños y deseos por medio de llevar el amor a la vida con cada interacción.

Por más herido o decepcionado que estés por el comportamiento de los demás, es tu disposición a convertir cualquier cosa que alguien te dé en un regalo lo que te libera de la desesperación del sufrimiento humano. En este mismo momento, hay un sinfín de regalos alojados en tu corazón. Y tú estás aquí, explorando un mundo en evolución que está preparado para recibir el milagro de tu gracia inmaculada. La manera en que decides entregar cada regalo depende totalmente de ti.

8

La fusión de la mente y el corazón

¿Qué tal si pudieses seguir con tu vida, tanto en medio de turbulencias como de la armonía, sin verte limitado por las experiencias de los demás? En vez de disculparte con alguien por su experiencia o de tener la constante necesidad de rescatarlo, es mucho más esencial abrazar la propia inocencia como una forma de inspirar alivio en todas las direcciones. Cuanto más se unen la mente y el corazón como uno, más vemos a los demás más allá de sus estados inconscientes divididos. Esto invita a que la paciencia, la aceptación, el perdón y la compasión sean las piedras angulares de nuestros encuentros, por más inflamados que parezcan estar los demás.

Tanto si se trata de la actividad mental como de los patrones reactivos del cuerpo, amar lo que surge nos da pleno permiso para estar en el mundo sin sentirnos víctimas de aquellos a quienes vemos. A medida que la mente y el corazón se funden, las vicisitudes de la vida tienden a sentirse más ligeras. Lo que solía traer decepción y hacer que fuese fácil perder toda esperanza en la humanidad se ha convertido en la ocasión de cultivar una frecuencia vibratoria más alta que nunca. A medida que la vibración se dispara con cada elección inspirada, la percepción cada vez más expandida que tenemos de la vida va transformando el mundo que nos rodea.

Independientemente de adónde vayas, el mundo ha sido diseñado por el universo para recordarte cuándo es el momento de amar a tu corazón. Sean cuales sean las circunstancias, tu experiencia revela la inocencia de un niño que está llorando para obtener la tranquilidad, el apoyo y la atención de un padre amoroso que solo se puede encontrar allí donde tú estás.

La unión entre el padre y el hijo

La relación entre la mente (que es como el padre) y el corazón (que es como el hijo) es muy parecida a la conexión que tiene el océano con cada ola. Mientras el candor de las olas va y viene, son sostenidas, nutridas, observadas y apoyadas por la madurez del océano.

A pesar de que el océano es inseparable de las olas, hay una relación entre ambos que permite a la inmensidad de la totalidad experimentar la realización de su potencial absoluto a través de cada expresión. De la misma manera, como extensiones vivas de todo lo que es, el padre mente y el hijo corazón son igualmente aspectos de una sola verdad eterna, que está dentro de nosotros.

El padre mente actúa como el superviviente mental de nuestras experiencias; saca a la luz todas las comprensiones y observaciones que ha acumulado como guardián del cuerpo. El hijo corazón es la memoria no verbal, visceral, de lo que sintió emocionalmente la persona durante cada momento de supervivencia. Cuando se unen, al hijo corazón se le da permiso para recordar, procesar y sanar las sensaciones que sintió; mientras tanto, el padre mente sostiene el espacio para la sanación más profunda por medio de recordar e integrar la sabiduría contenida en cada memoria.

Cuando estos dos aspectos actúan al unísono, toda fractura que hay dentro de nuestra consciencia se resuelve para darle la bienvenida al mundo alineado, consciente y armonioso que hemos llegado a ser. Cuando el niño y el padre interior se juntan, el Uno eterno que está en todos despierta dentro de nosotros para interactuar con los infinitos aspectos del ser a través de la película u obra de teatro que se desarrolla en el mundo de las formas físicas. Es a través de esta película u obra como la mente se funde con el corazón así como los arquetipos del padre y el hijo se unen como uno solo.

La unicidad emocional de la mente y el corazón unidos

Cuando tu mente y tu corazón confluyen como una unicidad emocional, esto informa al universo de que estás listo para explorar la interconexión entre todos como expresiones del YO SOY eterno. Conocido a menudo con el nombre de *autorrealización*, cada atisbo del despertar te permite disfrutar de la alegría, la soberanía y la trascendencia de ver la vida a través de los ojos del universo. Tal vez esta perspectiva del universo ya está aquí; tal vez está solo esperando a que tu corazón se abra para que puedas contemplar por ti mismo una verdad que únicamente tú estás destinado a ver.

Aunque esté disfrazada como las travesuras de un sistema nervioso sobrestimulado, tu verdadera naturaleza es una semilla de consciencia que puede expresarse de formas infantiles.

Es por esto por lo que me refiero a ella como *tu verdadera naturaleza inocente*. A través de cada respuesta, tu naturaleza infantil te invita a abrazar la maravilla majestuosa que es tu corazón, al igual que un padre abraza a su hijo. A medida que cultivas una conexión activa con tu inocencia, te implicas en un diálogo que tiene lugar en los niveles más altos de la conciencia de la unidad.

Cuando la mente y el corazón se unen en santo matrimonio, podemos ver que todo lo que aparece en nuestro camino se puede convertir en un regalo y traer el amor a cada encuentro, al experimentar una mayor receptividad y tranquilidad.

Sin embargo, cuando la personalidad se inflama, la eterna verdad de la consciencia se fractura y la unicidad emocional se divide en lo que son dos partes aparentemente separadas: una mente excesivamente pensante que es como un padre y un corazón que es como un niño: cauteloso, inocente y vulnerable. Aun así, cuando el sistema nervioso sobrestimulado se desenreda, la división entre la mente y el corazón se disuelve.

Este proceso es muy parecido al que lleva a un padre a reencontrarse con su propia vulnerabilidad por medio de observar cómo su hijo explora la vida por primera vez. El padre comienza a vivir indirectamente a través de su hijo para volver a experimentar las cosas desde una perspectiva diferente. Al mismo tiempo, el niño recibe la atención, el cuidado y la protección que necesita para abrirse y desarrollar todo su potencial.

El niño y el padre son aspectos de la consciencia que se ponen de acuerdo cuando el corazón comienza a abrirse. Cuando esto ocurre, se crea un entorno en que podemos volver a nuestra verdadera naturaleza: la luz de la Divinidad que ha tomado forma.

Desde el espacio unificado de la maestría centrada en el corazón, podemos ser para todos aquellos con quienes nos encontremos el padre al que nunca conocieron o el mejor amigo que olvidaron que tenían. Podemos transmitirles una gracia que es posible que no supieran que estaba ahí para ser recibida. Una vez que la verdad de la belleza intemporal de la vida se ha descubierto, fluye a través de nosotros para despertar la consciencia de todos aquellos que se cruzan en nuestro camino.

Para desenredar el sistema nervioso sobrestimulado hasta el punto de que pueda tener lugar un reconocimiento tan profundo, nuestra inocencia nos trae a la mente todo aquello que podemos haber juzgado sobre nosotros mismos o los demás, o todo aquello que experimentamos que los demás juzgaron en nosotros. Con cada abrazo, nuestro corazón-niño nos conduce a través de nuestra propia iniciación en el amor incondicional como la manera más directa de despertar al maestro que tenemos dentro.

Amar al que juzga o ha sido juzgado por los demás asegura que nuestra inocencia cuente con nuestra confianza absoluta, sea lo que sea lo que diga o pida. A lo largo de este proceso, el tema recurrente es recordarle a nuestra inocencia el apoyo, la comprensión y la atención que estamos aquí para ofrecerle siempre. A lo largo de un periodo de tiempo, nuestras acciones coherentes y cuidadosas le proporcionan a nuestra inocencia la tranquilidad de que no vamos a tratarla de la misma forma en que fue maltratada por otras personas en el pasado.

A medida que se completa nuestra iniciación y nos volvemos a ganar la fe y la confianza de nuestra verdadera naturaleza inocente, surgimos como el sabio protector de nuestro radiante corazón-niño. Acaso no accederemos siempre a sus impulsivas demandas, pero también sabemos que el propósito de cada diálogo no son estas peticiones. Lo importante es que cada interacción entre padre e hijo tiene sus raíces en el amor, mientras el universo celebra su tan esperado destino por medio del despertar de cada ser, un despertar que está centrado en el corazón.

El arte del autocumplido

De la misma manera que has visto que es posible hacerlo con los demás, puedes encontrarte con la inocencia que mora en tu interior y convertir cualquier cosa que diga en el regalo de un cumplido.

Tal vez has tenido experiencias de miedo, tristeza o ira y te has preguntado cómo responder a ello con un cumplido auténtico. Es natural responder al miedo por medio de centrarse en cómo escapar de él, pero podemos no darnos cuenta de que cualquier intento de alejarnos de las emociones no hace más que mandar otro mensaje de abandono al corazón.

Tal vez cuando has sentido tristeza te has preguntado: «¿Cómo puedo curarme a mí mismo de la tristeza? ¿Cómo puedo superarla?». Estas preguntas pueden hacer que te sientas bastante derrotado, hasta que te das cuenta de que la tristeza no fue creada para superarla. Superar la tristeza es alejar la inocencia hasta que comience a actuar de manera más apropiada. Al igual que ocurre con el miedo, los momentos de tristeza no pueden ser derrotados, curados o superados.

Solo pueden ser transformados por medio de nuestra disposición a amar. Al abrazar al que tiene miedo, está triste o incluso enfadado, cada capa de condicionamiento resulta sanada a medida que cambiamos nuestra relación con los sentimientos que no pueden ser controlados o negados.

En el proceso de responder a estas emociones a través del arte del autocumplido, nos encontramos cara a cara con todas las capas de condicionamiento que tenemos dentro. Cuando el corazón-niño nos trae miedo, tristeza e ira, la sabiduría más profunda que tenemos dentro puede ser inspirada a responder con cumplidos como una manera de hacer saber a nuestro corazón que es seguro expresar cada emoción. A través del poder de los cumplidos centramos nuestra atención en las cualidades más redentoras de cada sentimiento. A medida que aprendemos a responder a las emociones difíciles por medio de encontrar el regalo que contiene cada una (incluso las experiencias más tumultuosas, aterradoras o dolorosas) descubrimos una manera más íntima de vivir en armonía con la obra de teatro que es la vida.

Por ejemplo, cuando experimentes un momento de miedo, te invito a ejercer el arte del autocumplido repitiendo el siguiente mantra sanador:

Está bien que tengas miedo. El hecho de que tengas miedo me permite saber que deseas evitar una experiencia en particular. Quizá mi sabiduría más profunda me está recordando que puede ser que no esté preparado para sobrevivir a esta experiencia y permanecer plenamente consciente al mismo tiempo. También sé que cada vez que tienes miedo es una oportunidad para mí de preguntarte si estás utilizando el miedo para llamar mi atención o como una manera de informarme de que me aventure en otra dirección. Sea lo que sea lo que se revele, me estás ofreciendo la oportunidad de transitar con mayor claridad por la senda por la que me guía el universo mientras abrazo la oportunidad de amarte, mi corazón inocente, como nunca antes. ¡Qué regalo me has hecho! Gracias.

Cuando le das la bienvenida a tu guía interior (lo cual es una forma de respetarte a ti mismo) en lugar de tratar de ser tú quien dirige su viaje, puedes obtener las respuestas más claras y directas. Tanto si el miedo está tratando de decirte lo que no deberías hacer en cualquier momento dado como si no está haciendo más que llamar tu atención, siempre puedes salir a su encuentro y ofrecerle el regalo de tu apoyo inquebrantable.

Siente lo que ocurre cuando le dices un cumplido al miedo y lo abrazas. Por más intenso que parezca presentarse, incluso el miedo es una expresión de la Divinidad y no algo que deba pasarse por alto, ignorarse, ridiculizarse o negarse.

Cuando surge la tristeza, el amor puede activar el arte del autocumplido. Puedes decir:

Le doy la bienvenida a tu tristeza. Deseo que compartas conmigo todo lo que sientes respecto a ella, aunque se deba a la pérdida de algo que no estabas dispuesto a soltar. Por más triste que te sientas, estos sentimientos solo me muestran lo significativo que es esto para ti. Cuando estás triste a causa de una pérdida o de ciertos cambios, esto me muestra lo mucho que aprecias lo que se te ha dado y lo mucho que valoras los regalos que se te ofrecen. Me parece que esta cualidad es admirable y que hay que ser valiente para tenerla.

Del mismo modo, cuando estalla la ira y te asusta con la magnitud de tu propio poder, puedes respirar lentamente y permitir que el amor diga:

¡Hola, ira! Quiero que sepas que tienes derecho a estar disgustada. Eres libre de expresarte de esta manera. Te invito a estar disgustada durante todo el tiempo que desees. Eres libre de apuntar con el dedo a quien quieras y de defender tu razón. Te estoy escuchando. Te abrazo y felicito por responder tan rápidamente a las acciones de otros que no están a la altura de tu nivel de conducta. Aunque estés señalando con tu dedo acusador para lidiar con la sensación de decepción, esto me permite saber lo elevados que son tus valores.

Debajo de la superficie, los valores que encarnas te permiten señalar lo decepcionada que estás con alguien o lo injustos que han sido los demás. Esto me muestra lo ansiosa que estás de actuar para protegerme, a pesar de que en realidad no necesito protección. Gracias por estar velando siempre por mí. A causa de ello tiendes a enojarte cuando las cosas no salen a mi manera o cuando otras personas no cumplen con mis expectativas. Tienes derecho a ser escuchada y no se te castigará, sea lo que sea lo que pienses o digas. Quiero escuchar todo lo que quieras compartir, incluidos todos los insultos y juicios contra quienes juzgan o acosan. Por más explosiva que parezcas ser, siempre estoy aquí para escucharte, admirarte y abrazarte como el YO SOY uno y eterno.

A través de estos ejemplos puedes ver lo natural que puede ser recibir abiertamente emociones muy intensas que tal vez te hayan distraído en el pasado. Al honrar la vulnerabilidad de todas las personas y abrazar al corazón-niño en todas sus formas, descubres que el verdadero propósito de los cumplidos es transformar todo lo que surge por medio del amor, la aceptación y la autenticidad.

Desde este espacio, el corazón de la rendición llega a un punto de compleción emocionante y ascendemos hasta el siguiente nivel de crecimiento espiritual y expansión energética.

9

La comunicación consciente

Cuando se ha realizado el corazón de la rendición, el viaje continúa con el descubrimiento de la habilidad de la comunicación consciente. Es la siguiente etapa en el dominio de las relaciones que nos permite centrarnos en los regalos que estamos entregando a los demás en lugar de esperar que los otros nos proporcionen la atención, el apoyo y el cuidado que puede ser que, sin saberlo, se estén negando *a sí mismos*.

La razón por la que parece que vives en un mundo entre muchas otras personas es que el punto de referencia de la evolución espiritual se ha dado cuenta de lo bien que te comunicas. Independientemente de cómo elijan expresarse contigo los demás, tu respuesta refleja lo abierto que tiende a estar tu corazón. Cuando la sabia mente-padre y el inocente corazón-niño se unen, el amor aparece en primer plano para hablar en tu nombre. Aunque sigues siendo tú quien responde, puedes sentir como si tus palabras estuviesen emanando desde un estado más profundo, más rico y más inspirado del ser.

En la era moderna, un maestro verdaderamente ilumina-
do sabe cómo comunicar el amor de su verdadero ser con un
lenguaje que cualquiera pueda interpretar. A medida que nos
hacemos conscientes de las habilidades propias de un comu-
nicador consciente magistral, vamos siendo capaces de abrazar
nuestras relaciones, saborear cada encuentro y apreciar cualquier experiencia sean cuales sean las circunstancias.

La razón por la cual es tan esencial dominar la habilidad
de la comunicación es porque es en este ámbito en el que
se producen la mayor parte de los malentendidos. Cuando
no somos capaces de comunicarnos conscientemente, podemos sentirnos incomprendidos por quienes nos rodean, lo
que puede hacer que nuestro corazón se sienta menos incli-
nado a abrirse totalmente.

El dominio de la habilidad de la escucha

La comunicación consciente comienza con dominar la
habilidad de la escucha. Cuando escuchamos, les damos a los
demás la oportunidad de recibir nuestra atención amorosa,
lo que permite que su subconsciente se iguale con nuestra
vibración.

Si bien hay muchos maestros espirituales que, en su evolución, aspiran a despertar tan profundamente que esperan
ser capaces de levitar, caminar a través de las paredes o cambiar de forma, una de las más impresionantes demostraciones de que la consciencia está despierta es la capacidad de
escuchar. Un ser despierto sabe que escuchar es el modo más
directo de recordarle a alguien su valor más alto. Tanto si estamos perdidos en la belleza de nuestro amante como si estamos intercambiando sonrisas con un vecino, el regalo de

nuestra atención es un tesoro extraordinario que somos capaces de ofrecer solo con que observemos la inocencia que hay a nuestro alrededor.

¿Alguna vez has sabido reconocer el poder que contiene tu amorosa mirada? ¿Has visto con qué rapidez y con qué poco esfuerzo todo ocupa su lugar cuando aceptas que todo está aquí para ser bendecido por la gracia de tu atención?

Una vez que nos damos cuenta de esto y escuchamos a los demás, empezamos a ser testigos de la transformación de todo. Cuando estamos escuchando, ya no nos centramos en lo que pensamos acerca de las cosas, o en cómo las etiquetamos, sino solo en honrar la manera única en que ha llegado a manifestarse una obra de arte divina como es esa persona.

Desde la profundidad de esta conciencia, nos liberamos de tener que ensayar constantemente nuestras respuestas a lo que dicen los demás, ya que una gran disposición a escucharlos es una de las maneras más amorosas que tenemos de conectar con ellos. Esto significa que no es necesario que sepamos las respuestas a las preguntas de ninguna persona, incluidas las nuestras, ya que la mejor respuesta es interesarnos más profundamente por quien pregunta.

¿En qué grado de profundidad cambiaría tu vida si ya no tuvieses que responder a tus propias preocupaciones o resolver los problemas de nadie? ¿Y si te limitases a escuchar y a prestar tu amorosa atención a todos aquellos que se presentasen en tu camino?

El sistema nervioso sobrestimulado no nos permite escuchar de manera limpia, ya que hace que nos sintamos no apoyados, ignorados e incomprendidos con regularidad. Este es a menudo el motivo por el cual los seres humanos luchan por tener el control de las conversaciones o debaten entre sí. Si estamos consumidos por el ego, es fácil que nos sintamos como si nadie nos estuviera escuchando, por más atención que nos presten. Siempre que tenemos la constante necesidad de ser escuchados, no tenemos ninguna posibilidad de escuchar a los demás o de darnos cuenta de que nosotros somos los únicos que podemos darnos la atención que nuestro corazón desea.

Cuando uno deja de darse a sí mismo la atención que busca, la sensación de que no lo apoyan o no lo comprenden impregna sus interacciones. Al ocurrir esto, puede verse motivado a reclutar a otros para que le proporcionen la atención que se niega a sí mismo. Cuando dos personas se unen en un intento de conseguir la una de la otra la profunda aprobación que solo puede venir de dentro, no se están escuchando entre sí. Así es como se origina el conflicto. Cuando tiene lugar un conflicto, el resultado final impulsa aún más al sistema nervioso sobrestimulado.

Por otra parte, cuando dos seres ven las conversaciones como una forma de regalar su propio corazón prestando toda su atención y practican la habilidad de escuchar mejor al otro, no surge el conflicto. Esto se debe a que ambos son conscientes del hecho de que son los únicos que tienen la necesidad de escuchar lo que sea que tengan que decir. Cuando las interacciones humanas pasan a ser una forma de practicar la autoaceptación, al tratar a los demás con más paciencia, bondad y respeto la constante necesidad de ser escuchado se transforma en el acto de amor que es la escucha.

Es importante recordar que el corazón no sabe la diferencia entre que nosotros escuchemos a los demás y que los demás nos escuchen. Cuanto más abiertos estamos a escuchar, más aceptado tiende a sentirse el corazón. Si cultivamos la habilidad de escuchar, nuestro corazón se siente seguro estando abierto, aunque los demás arremetan contra nosotros para defenderse.

La escucha como un acto de amor hacia uno mismo

Cuando la escucha pasa a ser un acto de amor hacia uno mismo, se revela una verdad impresionante. En modo ego, es habitual creer que las palabras o el comportamiento de otra persona son la razón por la que nos sentimos no aceptados, juzgados o rechazados. En realidad, los demás no pueden afectarnos. Solo parece como si limitasen nuestra experiencia cuando nos negamos a escuchar un punto de vista que no coincide con el nuestro. Cuanto más nos permitimos escuchar al otro, tanto si estamos de acuerdo con sus ideas como si no, menos probable es que nos sintamos rechazados por él. El rechazo es un catalizador; es la forma que tiene la vida de recordarnos que las otras personas no siempre han sido creadas para tratarnos mejor que como nos tratamos a nosotros mismos. Al contrario; nos ayudan a practicar tratarnos mejor a nosotros mismos si interactuamos con ellas de forma abierta.

Esto no quiere decir que debas fingir que disfrutas de la compañía de quienes te tratan mal. Lo que hace el rechazo es invitarte a convertirte en el mejor amante de tu propio corazón, al permitir que los demás digan lo que piensan. Cuando dominas la habilidad de la escucha, todos los corazones se ven sanados por el brillo de tu ser. Cuando los otros tienen el derecho de hablar, inspiras a todos quienes están a tu alrededor a brillar con su propia luz.

El vínculo entre la capacidad de concentración y la escucha

A lo largo de mi trabajo como émpata fui viendo el importante papel que juega la habilidad de escuchar. Personas que siguen caminos espirituales muy diferentes buscaban mi orientación principalmente para resolver la sensación de estar perdidas, desconectadas de la Fuente o deseosas de saber qué hacer con sus vidas. Pero aun cuando ofrecía respuestas intuitivas en relación con todos los temas concebibles, nunca parecía apuntar al núcleo de la cuestión. Esto me desafió a sumergirme aún más profundo, con el fin de descubrir por qué nos sentimos así los seres humanos. Muy pronto obtuve una respuesta sorprendentemente clara.

Cada vez que un ser humano se siente perdido o desconectado o no sabe qué hacer con su vida, actúa como un mecanismo de retroalimentación del sistema nervioso que refleja el grado en que puede llegar a ser mejor escuchador. Al igual que ocurre en el caso de la respiración, cuando uno escucha superficialmente, su amor por sí mismo y los demás es condicional y está entremezclado con sus propios planes. Cuando la habilidad de escuchar se vuelve más profunda, la retroalimentación de encontrarse perdido, desconectado o sin rumbo comienza a disolverse.

Si bien muchos buscaban mi guía intuitiva con la esperanza de que yo sabría algo que ellos desconocían, esta no era la verdadera razón por la cual la vida nos había hecho coincidir. La razón por la que estaban ahí conmigo era que aprendiesen a escuchar, con mayor profundidad que como nadie los había escuchado antes. Al ayudar a los demás a aprender cómo escucharse íntimamente a sí mismos, descubrí la misteriosa relación entre la escucha y el sistema nervioso.

Ya había visto que la escucha era poco profunda cuando el sistema nervioso estaba sobrestimulado y que se volvía más profunda cuando este se desenredaba, pero ¿cuál era la relación entre ambos? Muy sencillo: la capacidad de enfocar la atención. Una escasa capacidad de enfocar la atención indica lo sobrestimulado que está el sistema nervioso. Cuando el sistema nervioso está sobrestimulado, no podemos hacer más que sentirnos inseguros en nuestros cuerpos, no apoyados por el mundo, perdidos y desconectados. Somos incapaces de tomar decisiones inteligentes y decisivas y vamos sin rumbo por la vida. A medida que el sistema nervioso se desenreda, la atención se expande para disolver las dudas, para incrementar nuestro interés en la escucha y para guiarnos hacia las elecciones más inspiradas que están siempre a nuestro alcance.

Una de las razones principales por las que un maestro imparte el *dharma* (enseñanzas de sabiduría transmitidas por vía oral) es el hecho de que el acto de escuchar incrementa la capacidad de enfocar la atención. A medida que esta capacidad aumenta, el cuerpo se relaja e invita al corazón a sentirse lo suficientemente seguro como para abrirse. Sea cual sea la práctica espiritual que elija la persona para hacer frente a esto, expandir la atención la libera del núcleo del conflicto humano. Sea quien sea quien aparezca en nuestra realidad, se ve sanado y de vuelta a su forma original por el solo hecho de que le hemos permitido hablar.

Cuando el sistema nervioso está sobrestimulado, no somos capaces de escuchar el alcance de lo que están diciendo los demás. Acaso escuchemos sus primeras tres o cuatro palabras, que inmediatamente nos evocan asociaciones con otras cosas. El sistema nervioso sobrestimulado hace a menudo que nos apresuremos a responder y compartir aquello que nos han inspirado las palabras de la otra persona, lo cual evita que la escuchemos bien.

También está la tendencia a interrumpir a los demás para hacerles ver que no nos están viendo de forma acertada. Si estamos perdidos en el ego, puede ser difícil que pasemos tiempo de calidad con alguien que no nos percibe de la forma en que deseamos que lo haga. Cuando nos mueve la intención de que nos vean de una determinada manera, no podemos mantener un espacio para que el corazón del otro pueda sanar.

Como remedio, es importante que recuerdes que la forma en que te perciben los demás no tiene nunca nada que ver contigo. Si bien otra persona puede compartir sus puntos de vista y opiniones acerca de quién eres tú en su película, esto no tiene por qué coincidir con quien tú sabes que eres.

Sean cuales sean las conclusiones que sugieran los demás cuando miran en tu dirección, cada una de sus ideas al respecto representa cúmulos de restos celulares obsoletos que se están expulsando de su campo energético. Esto significa que cuando es el momento de que alguien purgue sus patrones de juicio, la inocencia de tu corazón amoroso puede inspirarle a manifestar sus críticas más duras. Diga lo que diga esa persona, no puede reducir tu vibración o afectar a tu campo energético a menos que aceptes ser el personaje que ha imaginado que eres.

En la mayor parte de los casos, no es necesario tan siquiera responder a quienes nos piden que los escuchemos, porque la escucha misma es la mejor respuesta. Por más crítico que se manifieste alguien, tu capacidad de escucharlo permite que su inocencia se sienta importante, apreciada y apoyada. Aunque esa persona no parezca experimentar ninguna transformación como resultado de que la has escuchado, tú siempre sales de esos encuentros más expandido y evolucionado.

Cuando los demás expulsan por el habla las agrupaciones de restos celulares liberados por su sistema nervioso, puedes aprovechar la oportunidad para ofrecerles contacto visual y escucharlos con interés renovado. Desde este espacio, puedes observar que cuando los demás están inflamados, la velocidad de sus palabras va a la par con una respiración poco profunda. Al respirar tú más lentamente para mantener tu postura como escuchador activo, tu campo energético se expande para elevar tu vibración. De este modo, envías un mensaje al subconsciente de la otra persona para que reconozca la diferencia energética entre ambos. En respuesta, su subconsciente hará lo que sea necesario para elevar su vibración en un intento de que coincida con la tuya.

Así es como somos capaces de ayudar a los demás a llegar a un nivel superior de consciencia. Es lo contrario de rebajar nosotros nuestro nivel de energía para hacerlo coincidir con el de ellos.

A través de una disposición más profunda a escuchar, nos liberamos de la tendencia a igualarnos con la vibración de la otra persona o de interrumpirla antes de que haya terminado de hablar. A menudo, interrumpir al otro en medio de su compartir retarda el proceso de sanación que estaba teniendo lugar.

Es posible que tengas el deseo natural de puntualizar algo o de corregir sus errores de percepción, pero interrumpirlo revela que tu sistema nervioso está también sobrestimulado. Por este motivo, el enfoque más acorde con el corazón es mantener un espacio sagrado para que ambos corazones, el tuyo y el de la otra persona, sanen a través de la práctica de la comunicación consciente. De lo contrario, un momento espontáneo de sanación puede convertirse rápidamente en una pelea verbal en la que dos personas luchan para tener la última palabra, mientras la inocencia de ambos corazones resulta ignorada una vez más.

Dar consejos, interrumpir y atacar

Como portador de la luz de la consciencia centrada en el corazón, estás siempre en condiciones de reservar un espacio sagrado para que tenga lugar la sanación más profunda. Cuando conviertes el deseo de interrumpir en una oportunidad de reducir el ritmo de la respiración y escuchar a un nivel más íntimo, aumentas las probabilidades de que la otra persona esté más abierta a recibir lo que tengas que decir, una vez que le has permitido manifestar su punto de vista.

Aunque el otro haya podido expresarse totalmente, puedes experimentar que no está dispuesto a escucharte a ti tan magistralmente como tú lo has hecho. No está dispuesto a ello o sencillamente no puede hacerlo. No obstante, por muy tentador que pueda ser indicarle la corrección con que lo has escuchado o lo injusto que es que no tenga la misma actitud contigo, es mucho más beneficioso reconocer cualquier grado de frustración o decepción como los siguientes de la fila a los que amar.

A pesar de que la escucha comprometida puede aumentar las probabilidades de que el otro te muestre el mismo interés a cambio, esto no puede garantizarse. Lo que sí puede garantizarse es que, responda como responda, tú tienes la oportunidad de aprovechar la situación para que te inspire la transformación más profunda.

La comunicación consciente nivela el campo de juego de las interacciones diarias por medio de recordarnos las formas en que escuchar a los demás nos brinda la oportunidad de practicar escucharnos mejor a nosotros mismos. Por más unilateral que pueda parecer una conversación, para nosotros será justa, adecuada y equitativa, siempre y cuando veamos la escucha como una práctica de meditación activa. Aun cuando la disposición a escuchar inspire una respuesta, lo que sea que deseemos decir en voz alta no es necesariamente lo que el otro precisa escuchar o absorber. En muchos casos, nuestras respuestas a los demás revelan mensajes de nuestra guía interior que solo nosotros necesitamos escuchar.

Como muestra de la perfección divina, las elecciones inspiradas que el universo quiere que tomes te las brinda a menudo como los consejos que quieres ofrecer. Tanto si el otro está receptivo a la belleza de tus sugerencias como si no, tal vez se te puso en esa situación con el objetivo de que expreses en voz alta los pasos exactos que es esencial que des.

Si pasas por alto esta verdad, puedes encontrarte en situaciones en que la egoica inflamación de tener razón te aparte de tus comprensiones espirituales más profundas y te haga intentar aleccionar a quienes parecen estar mal informados. Cuando proyectamos nuestros consejos a los demás, las conversaciones pueden convertirse rápidamente en debates si el mejor consejo que se nos ocurre es ignorado o rechazado. Pero la comunicación consciente nos recuerda, una y otra vez, que quien habla es el único que necesita escuchar las palabras que dice.

El hecho de que estemos en la posición de escuchar nos da oportunidades para practicar ser mejores escuchadores por medio de brindar un espacio más consciente que el que acaso los demás podrán brindarnos nunca.

Cuando el corazón está al cargo de la forma en que respondemos, podemos ver que la única razón por la que nos sentimos motivados a dar consejos a los demás es recordarnos a nosotros mismos cuál es el siguiente paso importante que debemos dar. Y si el consejo que anhelamos ofrecer al otro ya coincide con las acciones que hemos emprendido en nuestra vida, sentirnos inspirados a impartir esa sabiduría nos motiva a actuar a partir de ella de forma más consistente, con entusiasmo renovado.

A medida que aprendemos a comunicarnos conscientemente, reconocemos nuestra voluntad de mostrar un interés más profundo por la singularidad del otro como uno de los mayores regalos que le podemos ofrecer. A través del mayor compromiso de escuchar a los demás con mayor implicación, le ofrecemos a su inocencia la oportunidad de purgar todo lo que estén dispuestos a liberar a través de las palabras que se sientan motivados a pronunciar. Todo lo que podamos necesitar decir para corregir sus suposiciones, juicios, opiniones o conclusiones nos ofrece la oportunidad de manifestar en voz alta las palabras que necesitamos escuchar y de hacernos más conscientes de las acciones que es fundamental que tomemos.

A pesar de estar interactuando en un mundo donde hay más personas, la relación que tenemos con nuestra verdadera naturaleza inocente está implícita en las interacciones que tenemos con los demás. Esto no significa que la forma en que se comportan los demás sea el reflejo de un comportamiento interior nuestro. Se trata más bien de que afrontemos su disposición emocional como un reflejo de aquellas veces en que, en nuestras vidas, ese comportamiento nos ofreció menos amor y no más. Es como si la historia de nuestras experiencias diese lugar a categorías de emociones que se entrecruzan. Cualesquiera sentimientos no resueltos que permanezcan en nuestra memoria celular toman la forma del temperamento de los demás.

Así pues, las palabras que comparten con nosotros aquellos que nos rodean, además de implicar una purga de los desechos celulares presentes en sus campos energéticos, también representan aspectos de nuestro pasado que aguardan el apoyo, la atención y el estímulo que no recibieron entonces.

Esta es precisamente la razón por la que escuchar a otras personas constituye una oportunidad de practicar la escucha de nuestra inocencia en un nivel aún más profundo. Incluso si quien está hablando nos pide consejo, podemos preguntarnos: «¿Cuáles son las palabras que habría querido escuchar siempre que me he sentido de esa manera?». Las palabras que habrían sido realmente significativas para ti, si las personas presentes en tu vida hubieran sabido qué importante era que te las hubiesen expresado, son los regalos que estás aquí para ofrecer como una forma de sanar ambos corazones.

En la comunicación consciente, la forma en que actúan, se comportan o nos hablan los demás no puede justificar que nos pongamos a la altura de su comportamiento inconsciente y arremetamos contra ellos. Incluso si llegamos a arremeter, podemos percibirlo como una oportunidad de tomarnos un tiempo a solas para ralentizar la respiración, conectar expresamente con nuestro niño interior y escuchar lo que el corazón quiera decirnos. Esto puede incluir ofrecer amor al aspecto de uno mismo que arremete contra los demás, como si fuese un hermano al que dedicamos toda la atención. Por más frustrados que nos sintamos en la presencia de otra persona, no estamos haciendo más que reclamar nuestra propia aprobación amorosa, independientemente de la atención que creamos que nos debe el otro.

Si hay palabras que los demás no dijeron que quisiste escuchar, estas pasan a ser tu nueva declaración de amor personal, que puedes decirte a ti mismo tantas veces como sea necesario. A través del dominio de las relaciones, pasas a darte a ti mismo lo que los demás no te proporcionaron, al escuchar tus propias palabras en un nivel de profundidad al que nadie más puede acceder y al escuchar a los demás con mucho más interés del que han recibido nunca por sus palabras.

Con cada elección inspirada, aumentan tus probabilidades de tener una experiencia positiva con cualquier persona con la que te encuentres. Las condiciones de su ego ya no limitarán tu realidad, porque solo tus elecciones y percepciones pueden determinar la calidad de tu experiencia.

La disposición a ser honesto

La piedra angular de la comunicación consciente es la disposición a ser honesto. La importancia de la honestidad es que tiene que ver directamente con la profundidad con que hemos depositado nuestra fe en el diseño del universo.

Hay muchas personas que saben que la vida nos ha traído aquí para algo importante, pero la única manera de demostrar, anclar y encarnar la confianza en el plan supremo de la vida es la honestidad total.

En el contexto de la honestidad radical, acogemos cualquier respuesta que venga como resultado de nuestro compartir más auténtico. Por más drásticamente que se vea agitada nuestra realidad, esto solo ocurre con el fin de guiar nuestro viaje hacia una dirección nueva y emocionante. Con el tiempo, podemos ver cómo este cambio de dirección siempre tuvo por objeto conducirnos hasta una realidad mucho mayor que la que habríamos encontrado si no hubiésemos confiado en la perfección del universo.

Con cada momento de honestidad, permitimos que la vida nos dirija rápidamente y con precisión hasta el éxtasis y el paraíso que forman nuestro destino más elevado. Para que este destino se vaya cumpliendo de la forma más elegante y milagrosa posible, es importante que permitamos que la sabiduría de nuestro corazón constituya nuestra brújula interior. Cuando estamos dispuestos a decir nuestra verdad más profunda en presencia de otro, esto demuestra lo mucho que confiamos en nuestra guía divina para que nos revele las palabras exactas que necesitamos escuchar.

Si a causa de nuestra honestidad acabamos perdiendo oportunidades o relaciones, esto es algo positivo; en caso de haberlas conservado, habrían podido estar vinculadas a escenarios y resultados que no habrían guardado relación con el plan supremo de la vida. Si somos honestos, incluso cuando parece que las probabilidades están en contra de nosotros puede ser que esté a punto de revelarse un nuevo capítulo de crecimiento y expansión a partir de las cenizas de lo que pensábamos que se suponía que iba a ocurrir.

La integridad de la honestidad

Antes de poder ser honestos en presencia de otra persona, es esencial que aprendamos a ser honestos con nosotros mismos. Tomar conciencia de cómo queremos que nos traten los demás para poder mostrarnos así con ellos independientemente de si pueden hacer lo mismo con nosotros requiere una profunda integridad, lo cual a su vez requiere valentía.

Para que entiendas lo que significa vivir con integridad, puedes hacerte estas preguntas: «¿Cómo me gustaría que me escucharan los demás cuando estoy en el abismo de la confusión o retorciéndome de dolor? Si tuviera algo que decir, ¿cómo me gustaría que me escucharan los demás para que esto me ayudara a sentirme atendido, acogido y apreciado?».

Lo que sea que te venga a la mente en respuesta a estas preguntas constituye el regalo de integridad que debes entregar. Esto puede ayudarte a descubrir el significado más profundo de la integridad: la disposición a hablar, implicarte y escuchar exactamente de la manera en que te gustaría que lo hiciese quien esté contigo. Al mantener la integridad como un agente de comunicación consciente, siempre creamos oportunidades para que todos puedan evolucionar, incluso si el comportamiento ajeno no está a la altura de nuestros valores. Cuando es nuestro turno de hablar, la integridad nos invita a declarar, en presencia de los demás, nuestra confianza inquebrantable en el plan supremo del universo por medio de lo apasionados, transparentes y honestos que estamos dispuestos a ser.

La práctica sanadora de la igualación de frecuencias

Ya sea entre amigos, compañeros de trabajo, amantes o padres e hijos, hay una práctica energética llamada *igualación de frecuencias* que puede inspirar una comunicación más consciente. Sea cual sea el tipo de relación de que se trate, la igualación de frecuencias establece el acuerdo de que cada vez que uno de los miembros de la relación se sienta no escuchado o desconectado del otro invite a ambos corazones a trabajar juntos para encontrar una vibración común.

Como parte de esta práctica, cualquiera de los miembros tiene derecho a decir: «Me siento desconectado de ti» o «Me cuesta mucho conectar contigo».

En respuesta a esta información, ambas personas empiezan con la práctica. Se toman de las manos mientras se miran a los ojos. El objetivo es respirar lentamente y hacer coincidir la inhalación y exhalación de ambos, de modo que los dos respiren con el mismo ritmo, relajado y suave. Tras alinear ambos sus respectivas respiraciones durante un minuto o más, gracias a una frecuencia vibratoria común sus corazones se sienten acogidos, lo cual les permite proseguir con conversaciones más profundas.

He aquí un ejercicio sanador que te ayudará a abrirte a la práctica de la igualación de frecuencias: sitúate frente a un espejo y tómate unos momentos para mirarte a los ojos. Si te resulta difícil establecer un contacto visual pleno contigo mismo, ralentiza la respiración y hazlo durante todo el tiempo que puedas. No se trata de que te resistas a parpadear o de que mires experimentando cualquier tensión ocular, sino de que te abras a una conexión más íntima, más profunda, con tu propia inocencia al mirarte directamente a ti mismo.

Cuanto más a menudo lo hagas, más fácil te resultará acoger la vulnerabilidad de los demás sin el temor a verte herido o rechazado. Ampliar las posibilidades de cualquier encuentro personal siempre comienza por establecer una relación más íntima y satisfactoria con el propio corazón. A través de respiraciones más lentas, una escucha más profunda, repetir la declaración de amor personal, hacer cumplidos a la propia inocencia y ser más honesto consigo mismo que nunca, uno se sana a sí mismo en primer lugar, y así invita a su propia luz a brillar.

Desde este espacio de alineación vibratoria, las relaciones se convierten en redentoras de la verdad y transformadoras del victimismo. Por más incomprendidos que nos sintamos, podemos infundir la consciencia centrada en el corazón a cualquier experiencia solo con que elijamos responder de una forma más inspirada.

10

La importancia de ir más despacio

Al cultivar un sentido más profundo de la integridad en calidad de comunicadores conscientes, la mente y el corazón se unen de forma natural. En esta unión divina, podemos experimentar el gozo de la unicidad emocional. Esta unión le da al universo la señal de que estamos listos para despertar a la verdad de nuestro ser eterno e integrar esta verdad de la manera más suave, sabia y amorosa posible. Esto puede constituir un catalizador para el despertar o una forma de descubrir la pasión, felicidad, inspiración y emoción que mora dentro de nosotros. En ambos casos, es necesario que cultivemos una mayor integridad con nuestro corazón, lo cual empieza por ralentizar el ritmo de nuestras vidas.

Es natural tener dudas acerca de si abordar la vida de una manera más suave y relajada. Cuando estamos dirigidos por la personalidad inflamada, nos puede ser fácil creer que nos perderemos las mejores oportunidades si no hacemos todo lo posible para mantener el ritmo. En un mundo en que la gente ha sido condicionada a completar tareas por cualquier medio, el propósito de nuestro viaje es aprender a estar alineados con el espíritu y sentirnos liberados y amorosos a la vez que nos sentimos inspirados y somos prósperos y productivos.

Tanto si descubres en ti el deseo inquebrantable de vivir más conscientemente como si te encuentras agotado por las exigencias del día a día, tu vida se desplegará de la forma que garantice el crecimiento y la expansión de tu más alta evolución. Si la manera en que estás viviendo no se halla en armonía con el estado natural del ser, el universo puede provocar cambios inesperados en tus circunstancias como una manera de interrumpir el caos de tu sobreactividad. Como resultado, te verás frenado por la perfección de la gracia hasta que seas capaz de acoger cada experiencia con bondad, humildad y agradecimiento.

A medida que se produzca la desaceleración, te encontrarás espiritualmente más alineado con el flujo del universo, para que puedas tomarte tu tiempo en cada paso que des hacia delante. Esto te ayudará a tomar decisiones más inspiradas, desde el corazón, mientras vas creciendo de una manera que le permita sentirse segura a tu inocencia.

Vivir la vida más despacio

Cultivar la integridad con el propio corazón equivale a vivir de una manera más relajada, consciente y centrada en el corazón. Algunas personas pueden llegar a esto de forma natural, pero para otras constituirá un modo de comprobar que es imposible que dejen pasar las oportunidades que están destinadas a encontrarse. Como no podemos perdernos las experiencias que estamos destinados a tener, cada respiración nos brinda la oportunidad de poner nuestra fe en el universo y recordar lo bendecidos, apoyados y guiados que estamos por parte de la Divinidad.

Nos puede ser difícil imaginar un universo en el que confiar o saber lo mucho que importamos si vivimos con un ritmo frenético. Cuando reducimos la velocidad, puede brillar algo más profundo que las ganancias y pérdidas personales. Una clara señal de que estamos cultivando la integridad con nuestro corazón es una sensación de relajación. Cuando experimentamos relajación, descubrimos nuestra capacidad magistral de estar en sintonía con el flujo del universo a la vez que permanecemos activos durante el día.

La relajación es siempre la velocidad preferida para la exploración espiritual. Cuando optamos por vivir acelerados, las experiencias directas de trascendencia se ven sustituidas por comprensiones superficiales. Puesto que ciertas etapas del despertar pueden ralentizar drásticamente el ritmo de nuestras vidas hasta hacernos llegar casi a un punto muerto, el universo a menudo nos prepara para esta etapa del viaje por medio de hacer que nos resulte casi imposible seguir desempeñándonos a la velocidad de la inconsciencia.

Cuando veas que, habitualmente, no puedes realizar tus actividades de manera relajada, esto es la señal de que tienes que acometer los cambios necesarios para reducir la velocidad y aligerar tu agenda. Desacelerar es esencial no solo para fundir la mente y el corazón en uno, sino también por el bien de un viaje espiritual en el que acaso no sabías que estabas embarcado. No te sorprendas si, al amar lo que surge, una mayor relajación pasa a formar parte de tu experiencia. Esto invita a tu corazón a sentirse lo suficientemente seguro como para abrirse, puesto que la relajación confirma lo alineado y equilibrado que has llegado a estar. Tanto si tus objetivos son de carácter espiritual como si son de carácter personal o profesional, ya no puedes seguir engañándote con el pensamiento de lo muy relajado que te sentirás una vez que hayas obtenido determinado logro, sobre todo si la forma en que lo abordes te lleva a perder el equilibrio.

Mientras la relajación nos indica que estamos teniendo éxito a la hora de ser íntegros con nuestro corazón, el sistema nervioso se desenreda para liberarnos de la pesadez de la culpa, la vergüenza, el miedo, el victimismo y las obligaciones. Cuando vamos más despacio y nos relajamos para adoptar un ritmo más natural, creamos el clima perfecto para que se desplieguen los descubrimientos más profundos de la vida.

Cuando la relajación se convierte en la puerta de entrada al despertar, entablamos una relación aún más profunda de confianza y honestidad con la vida. En lugar de llevar la inocencia a rastras mientras el ego tiene sus aventuras, se nos conduce a serenarnos con cada respiración, para que nuestra mente y nuestro corazón puedan compartir el mismo viaje. Para integrar esta verdad, te invito a repetir el siguiente mantra sanador:

Reconozco que es esencial para la evolución de mi ser que ralentice el ritmo de mi vida, sean cuales sean las presiones que llaman mi atención. Para apoyar mi más alta evolución, acepto que la vida cree cualquier realidad que sea necesaria para darme un sinnúmero de oportunidades para reunirme con mi corazón. Al ir más despacio, celebro las opciones que mi corazón sabe que están alineadas con la máxima perfección del universo. Al descubrir que mi corazón es el hogar que nunca dejé, permito que mi verdadera naturaleza inocente se sienta lo suficientemente segura como para fundirse en la luz de mi ser, como el amor que soy.

Honrar el límite de velocidad del corazón

Puede ser muy interesante descubrir la magia y los milagros que asoman a la superficie cuando vivimos en un estado de integridad con el corazón. Ya sea que percibamos esto como un perfecto ensamblaje de sincronías, un mayor fluir de la intuición o incluso la capacidad de manifestar ayuda y recursos por parte de los demás antes de pedírselo, nuestra vida se vuelve extraordinaria una vez que la relajación nos ha inspirado a desempeñarnos a un ritmo más consciente. Esto permite que cada tarea se convierta en una práctica continua de alineación energética.

Si bien el éxito en muchas áreas de la vida depende de determinados factores, las recompensas del viaje espiritual se descubren cuando la forma de enfocar cada tarea es tan importante como el objetivo que nos ocupa.

Cuando somos capaces de estar relajados durante nuestras actividades diarias, nuestro corazón tiende a abrirse más libremente. Esto permite que la mente descanse en un estado natural de silencio, para que podamos centrarnos en ser reflexivos y cuidadosos mientras seguimos el impulso de prosperar y tener éxito. Cuando advertimos lo tensos, rígidos, frustrados o enojados que parecemos estar, esto solo puede ser un recordatorio de que reduzcamos la velocidad y entremos en un fluir más armonioso.

En cada etapa de nuestro camino, no hay irregularidades o errores que confesar. Tan solo hay oportunidades de percibir el sufrimiento, el estrés, el juicio, la agresión o el dolor como señales de que es el momento de equilibrar la asertividad con la atención centrada en el corazón.

Cuando nuestra más profunda aventura espiritual transita por las vicisitudes de la vida cotidiana, cada tarea se convierte en una oportunidad de trabajar en armonía con el universo de una manera más reflexiva y valiente. Esto hace que resulte esencial que abracemos nuestro corazón como el velocímetro de nuestro campo energético ya sea en el trabajo, en nuestras relaciones personales o a lo largo de nuestro viaje espiritual.

Al vivir a la velocidad de la consciencia centrada en el corazón, somos capaces de hacer las paces con nuestro niño interior de una vez por todas. Cuando la importancia de estar relajado es tan esencial como los objetivos que se persiguen, el corazón se siente seguro a lo largo de cada encuentro. En cambio, si no estamos relajados en el curso de nuestras experiencias, esto nos da la señal de que desaceleremos el ritmo de nuestras vidas por medio de amar lo que surge.

Con cada «te amo» invitamos a que el universo nos brinde apoyo, para que podamos celebrar cada momento abrazando todo lo que contenga, sin tener que demostrar nada.

No volver a pronunciar las palabras que más nos duelen

Otro paso esencial en el cultivo de la integridad con el corazón lo damos al explorar una pregunta importante. Tal como ocurría con la declaración de amor personal, esta pregunta puede aportar mucha sanación a nuestras vidas.

Con la máxima honestidad y compasión, pregúntale a tu inocencia: «¿Cuáles son las palabras que recuerdas que te dolieron más?».

Tal vez fueron las palabras o frases que te hicieron sentir más dolor, devastación y decepción en tu infancia. No justifiques o trates de explicar por qué te las dijeron. La oportunidad que tienes ahora es la de transformar cualquier trauma que conserves. Con este fin, recuerda las palabras más hirientes que moldearon tu sentido del yo de una manera tan dolorosa y limitante. Cuando estas palabras salgan a la superficie, dales voz al dolor y la decepción que no has reconocido durante tanto tiempo, y se desencadenará un nuevo nivel de sanación.

Tal vez se trató de frases como estas: «Ahora no, cariño; no me molestes»; «Vete, por favor; ahora no puedo ocuparme de estar por ti»; «Eres demasiado para mí»; «Se suponía que no tenías que estar aquí». «Es culpa tuya»; «Estás aquí por un error»; «No sé cómo quererte»; «Tú me obligaste a hacerlo»; «Me estás molestando», o «¡Cállate, por favor!».

Fueran cuales fuesen esas palabras tan dolorosas, tu mente adulta no tiene que racionalizar aquello que a tu corazón le produce tanto dolor recordar.

Al explorar las palabras más hirientes que nos han dicho nunca, es natural que sintamos inculpación, ira y resentimiento hacia quien los pronunció. Si esto es verdad en tu caso, tienes que saber que puedes acoger un espacio para que tenga lugar una sanación más profunda. Para ello, permite que tu inocencia manifieste las palabras que nunca tuvo la oportunidad de manifestar en respuesta a esos recuerdos dolorosos. Para que pueda producirse la transformación más profunda, debes darle voz a tu dolor para que se exprese honestamente en relación con quien te hizo tanto daño. Se trata de que verbalices las palabras que nunca tuviste la oportunidad de decirle a esa persona que te hirió. Si bien puede tratarse de palabras que no estés dispuesto a decir en público, exteriorizarlas permite que tu inocencia silenciada, reprimida y victimizada sea por fin escuchada. Por ejemplo, puedes expresarlas en una carta que hagas trizas o elimines después de acabarla, o vehicularlas con una forma de arte que te permita transmitir esos sentimientos reprimidos, o cantarlas en voz alta... Sea como sea, la verdadera sanación a menudo tiene lugar cuando se ofrece una vía para que ese aspecto de uno mismo que sintió que nunca tuvo elección pueda expresarse.

Al permitir conscientemente que esas palabras sean pronunciadas, sin necesidad de abordar de forma específica a la persona en cuestión, no tiene lugar ningún juicio. Con cada expresión honesta, que no tiene por qué implicar directamente a nadie más, tu corazón se ve más inspirado a abrirse.

Una vez que hayas entrado en contacto con las frases que te han afectado de la manera más dolorosa, otro paso importante a la hora de cultivar la integridad del corazón es prometer que nunca más volverás a decirte esas frases a ti mismo, ni a ninguna otra persona. Si bien cada recuerdo celebra un momento en el tiempo al que estuvimos destinados a sobrevivir, la redención espiritual más profunda consiste en poner fin al ciclo de la crueldad al romper la cadena de transmisión de las palabras hirientes que nos dijeron.

En este contexto, amar lo que surge no consiste solamente en pronunciar las palabras que siempre hemos querido escuchar, sino también en erradicar de nuestro vocabulario esas palabras del pasado que recordábamos con tanto dolor. Cuando estamos dispuestos a ahorrarnos a nosotros mismos y ahorrar a los demás esas frases que nos causaron tanto dolor y desesperación, estamos empezando a ver la vida a través de los ojos del universo, en que la vulnerabilidad de todos puede abrazarse como una sola.

Desde este espacio, el dominio de las relaciones ya no es una meta tan inalcanzable, sino la forma más natural de interactuar con la vida.

Hacer las paces con el niño interior

Por instinto, puede ser que nos fijemos en las palabras crueles que los demás nos han dirigido cuando necesitemos una sanación más profunda. Como consecuencia de esta sanación, podemos empezar a hacer las paces con esas palabras insensibles por medio de centrarnos más en la forma en que elegimos responder a ellas cada vez que las escuchamos. Tal vez las palabras o acciones dolorosas de los demás solo pueden afectar a nuestra experiencia si damos alguna de estas dos respuestas: pasar a vibrar con la misma insensibilidad que la otra persona o negarnos a ser más amorosos con ella. Tanto si somos capaces de acoger la vida desde una perspectiva espiritual alineada como si nos mostramos reactivos frente a las acciones de los demás, lo más importante es que hagamos las paces con nuestro niño interior.

Cuando está arraigada en la integridad centrada en el corazón, nuestra inocencia interpreta el mundo como un reflejo de nuestra paciencia, bondad y solicitud, por más inconsciente que sea el comportamiento de los seres que nos rodean.

Una de las formas más directas de hacer las paces con el niño interior es abrazar el propio corazón con mayor frecuencia. Tanto si repetimos nuestra declaración de amor personal durante todo el día como si buscamos un espacio tranquilo para permitir que nuestra inocencia diga, sin filtrarlas, las palabras que nunca pudo decir en el pasado, seremos capaces de resolver todas las discordias al ofrecer la aceptación y el apoyo que otras personas no nos han proporcionado.

Otra forma de hacer las paces con el niño interior es dejar de definir el sentido de nuestra valía o de medir nuestros progresos espirituales a partir de las acciones de los demás. Si bien somos uno en esencia, somos únicos como individuos.

A menudo, nuestra incapacidad de comprender la crueldad de nuestros semejantes nos lleva a suponer que debemos de tener algo que ver con ella. Como he dicho antes, la manera en que se comportan los demás revela dónde se encuentran en su propio camino, mientras que la forma en que respondemos a su crueldad es el factor clave que nos recuerda dónde estamos nosotros en el nuestro.

Al abrazar los aspectos de nosotros mismos que nunca han sido escuchados, respetados, aceptados o adorados, invitamos a que florezca la inteligencia más profunda que tenemos dentro.

A medida que honramos y respetamos a nuestro niño interior como la forma a través de la cual se revela el universo, se nos guía a través de cada vicisitud con armonía, paz, tranquilidad y alegría.

Si no le ofrecemos a nuestra inocencia el mismo apoyo que un padre amoroso le ofrece a su hijo o si no honramos respetuosamente a ese niño como la inteligencia del universo que es, estamos en desacuerdo con nuestro corazón sin saberlo, lo cual amplifica nuestro ruido mental. Puesto que la mente tiende a hacer ruido en la misma medida en que el corazón está cerrado, hacer las paces con la propia inocencia es fundamental para la evolución de nuestro ser. Esto nos lleva a reconocer la seguridad, la integridad y la plenitud que tenemos siempre dentro.

Para hacer las paces con tu corazón de una vez por todas, repite el siguiente mantra sanador:

Mi querido niño interior, lo siento mucho si te has sentido ignorado, abandonado, ridiculizado o rechazado de alguna manera. Siento que te hayan hecho daño. Lo siento si te he llevado cerca de quienes amenazaban tu seguridad, sin ser consciente de tu experiencia, mientras trataba de que esas personas me llenasen. Ahora me doy cuenta de que esas personas nunca fueron concebidas para llenarme ni estuvieron destinadas a ello.

Me disculpo si pasé por alto o ignoré tus peticiones de atención. O si las malinterpreté como síntomas contra los que debía luchar, o que debía erradicar, desmantelar o trascender a través de mi cuerpo físico, mi cuerpo emocional, mi mente o las circunstancias de mi vida. Ahora veo que, disfrazado de mi asistente personal, mi protector imaginario o el insistente *coach* de vida que vive en mi cabeza, solo estabas tratando de captar mi atención para poder pasar más tiempo conmigo.

Siento mucho que hayas tenido que esforzarte tanto. Acepto que el dolor de mi vida no tiene como base las circunstancias a las que me enfrento, o que no viene determinado por lo que pierdo, o que no se ve corregido por lo que gano, sino que indica que no te amo como mereces ser amado. Me disculpo por la frecuencia con que voy corriendo por la vida sin tener en cuenta la velocidad que te hace sentir seguro.

A partir de este momento prometo amarte, honrarte y adorarte como nunca antes y mostrarte regularmente las palabras que siempre has querido escuchar. Incluso si se trata de palabras que ya has escuchado, te las voy a decir más a menudo, con pasión y entusiasmo renovados. Y aquellas que te dolió tanto escuchar en el pasado, por parte de alguien que contribuyó a forjarte tu visión de la realidad, ya no serán palabras que te diga a ti o que diga a nadie. A partir de ahora, lo que les diga a los demás será como una carta de amor que te envío a ti.

Quiero que sepas que, aunque parezca que estoy hablando con otras personas en el mundo, no te estoy rechazando de ninguna manera. Cuando te abrazo, todo sana. Cuando abrazo a los demás, es a ti a quien estoy honrando.

Reconozco, mi niño interior, que eres la vulnerabilidad de mi corazón y el centro de mi universo. Le doy la bienvenida a mi destino más alto como una forma de honrarte y agasajarte a ti, que eres el elemento más importante y crucial en mi camino. A partir de este momento, voy a llevarte conmigo adondequiera que vayamos, juntos como uno, por el bienestar y la liberación de todos.

Mi querido niño interior, quiero que estés presente de forma más activa en mi vida. Necesito que me ayudes a culminar mi viaje. Tienes un papel importante que desempeñar en ello. Si te abres y aceptas este momento como un nuevo comienzo en nuestra relación, te amaré como siempre te correspondió ser amado. Al afirmar tu importante papel a lo largo de mi evolución, ya no tendrás que esforzarte tanto para obtener mi aceptación, aprobación y atención amorosa.

A partir de este momento, me entrego al amor por medio de permitir que abras el camino. Te quiero.

Tanto si estas palabras te inspiran a abrirte más profundamente en tu interior como si siguen agrietando tu densidad (una densidad que ya no te separa de tu inocencia), es tu voluntad de cultivar y conservar la integridad con tu corazón lo que prepara el escenario para que los milagros y misterios más profundos de la vida te sean revelados.

11

Todo es significativo

Cuando se establece una mayor comunicación con el niño interior, la mente y el corazón se fusionan, y podemos recordar nuestra naturaleza eterna de una vez por todas. Cuando lo afrontamos todo de manera relajada y desde el corazón, empezamos a ver lo rápidamente que pueden transformarse las cosas. Al llevar la atención, de forma más comprometida, a las circunstancias del momento, nos convertimos en una ventana abierta divina que invita a que los vientos del cambio sanen todo lo que está a la vista.

La belleza: la naturaleza divina del amor

El impulso natural del amor es reconocer la existencia de la Divinidad en todo. Cuando el amor reconoce su naturaleza divina, da lugar a la belleza. Si bien es común asociar esta palabra con características físicas, reconocer la belleza de esta manera rinde homenaje a aquel momento en el tiempo en que la divinidad de uno descubre la verdad del todo en otro.

Cuanto más a menudo contemplas tu vida a través de los ojos del universo, más bello tiendes a sentirte. Esto puede ayudarte a ver la verdad de la belleza: se trata del reconocimiento espiritual de la inocencia en forma física.

Cuanto más abierto de corazón, amable e inocente tiende a ser alguien, más bello se muestra. Incluso cuando los altibajos de la vida han abrumado a quienes tienes alrededor, la fealdad de los comportamientos crueles nos ayuda a reconocer que ahí tenemos a alguien que está desesperado por verse apoyado y alentado a un nivel más profundo. En lugar de tratar de cambiar la experiencia de los demás o de imponerles ideas espirituales, podemos invitar a que la belleza e inocencia de su naturaleza divina salga de su escondite por medio de tratarlos con consideración.

Tanto si elegimos sonreír más a menudo a aquellos con quienes nos encontramos como si optamos por ofrecerles un contacto visual directo, escucharlos más profundamente o brindarles más apoyo, estamos dando un paso adelante como portadores de la luz de la consciencia centrada en el corazón con el fin de hacer que este planeta regrese a la belleza de su origen divino.

Si ves inocencia en los demás y belleza en el mundo, esto es una muestra de que ya gozas de cierto nivel de alineación espiritual. A partir de aquí, te invito a dar un paso más: el de convertir este reconocimiento instintivo en una práctica espiritual inspirada, para que incluso quienes ocultan su inocencia detrás de sus defensas, dolor, crítica y egoísmo puedan recordar lo hermosos que fueron creados.

El solo hecho de mirar fugazmente a alguien o algo que pase por nuestro lado hace que estemos reconociendo la inocencia y belleza de su existencia. Para ello, basta con que hayamos permitido que se vea. Este es el regalo de la *significación*. Cuando honramos la vida con la significación, cada persona, objeto y lugar puede ser celebrado por el papel fundamental que juega en el plan divino, un papel tan importante como cualquier otro. Ya que todo contiene materia, la consciencia que se halla dentro de cada forma nos recuerda lo importante que es (cuando se la invita a ser vista). Cuando nos damos cuenta de que podemos ofrecer al mundo el potente regalo de la significación, la belleza e inocencia de todo empieza a brillar a un ritmo más acelerado.

Tal vez quienes están a tu alrededor son más propensos a tratarte con respeto y honrar tu divinidad cuando les ofreces el regalo de tu aprobación amorosa. ¿Y si el hecho de que esperaras que esa persona cambiara su comportamiento antes de que apreciaras su existencia fue precisamente lo que hizo que arremetiera contra ti? En la revolución del amor, la tendencia a retener la atención echa gasolina a las llamas del conflicto personal, mientras que abrazar los corazones de quienes tenemos a la vista invita a que algo más profundo salga a la superficie. Esto no excusa los comportamientos crueles ni justifica las relaciones tóxicas en modo alguno. Siempre que estés en un ambiente seguro que no amenace a tu inocencia, es tu voluntad de presenciar la belleza de todos y hablarle a esa belleza lo que revela una verdad que está más allá de lo descriptible.

Sin embargo, si te ves habitualmente amenazado, dominado, traicionado, manipulado o maltratado por los demás, puedes honrar su inocencia, así como la tuya propia, por medio de abandonar los entornos inestables. Sin nadie presente controlando o haciendo daño, se puede emprender un viaje de sanación más profundo una vez que la crueldad de los demás ya no se ve distraída por el resplandor de tu ser.

Enraizarse en el cuerpo

Desde el punto de vista espiritual, el amor es el acto instintivo de reconocer que algo es divino en origen, independientemente de cómo se manifieste ante nosotros.

Cuando una verdad tan profunda se ha hecho presente en nuestro corazón, lo reconocemos todo bajo su luz. Es una manera de percibir tan hermosa que nos quita el aliento. Esto incluye la comprensión de que todo momento en que no vemos el origen divino de cualquier ser es el momento exacto en que la vida nos invita a detenernos y recordar lo que es divino en nosotros.

Una forma de recordar la naturaleza de la propia divinidad consiste en ofrecer una atención más significativa a las partes de nosotros mismos que a menudo pasamos por alto. Así como miramos dentro de nuestro corazón para descubrir la inocencia que requiere nuestra atención amorosa, también es importante que honremos el cuerpo físico como el recipiente donde se aloja nuestra consciencia centrada en el corazón. Cuanto más a menudo es apreciado, honrado y adorado el cuerpo, más rápidamente se transforma.

¿Qué tal si empiezas a decirle a tu cuerpo que es hermoso, independientemente de cómo esté funcionando, lo hayan juzgado los demás o lo percibas tú? Solo con que digas: «Hola, hermoso», estás creando no solo una mayor conexión entre tu mente y tu corazón, sino que estás honrando también la verdad de tu cuerpo como una de las formas que ha adoptado la Divinidad.

Como tu cuerpo es el universo, puedes saludar a cada una de sus partes diciéndole: «Hola, hermoso», como una forma de enviar bendiciones y ondas de energía sanadora infinitas a todos los rincones del cosmos.

Si observas cualquier tipo de vergüenza al pronunciar estas palabras, este es un indicio inequívoco de evolución espiritual. Desde una perspectiva cósmica, el advenimiento de la vergüenza representa que la máscara del ego se está agrietando. Aunque pueda presentarse como una sensación intensa o incómoda, la presencia de la timidez o la vergüenza confirma la valentía con que la inocencia está tratando de abrirse paso.

¿Puedes percibir la diferencia en cuanto a lo relajado que te sientes cuando muestras un interés renovado en tus manos, órganos, piernas, dedos u otra parte del cuerpo? Date cuenta de lo mucho que trabaja cada parte para operar a través del tiempo y el espacio para servir al gozo de tu destino más alto. Puesto que cada parte juega un papel importante en tu camino, ¿por qué no tomarte un momento para decirle a cada una: «Hola, hermosa»? Más allá de la sensación inmediata de timidez o vergüenza, puedes advertir lo extraordinariamente completo que pasas a estar cuando muestras reconocimiento a todas las partes de ti mismo por igual.

Esto también constituye un mensaje importante para tu inocencia, que la libera de fabricar problemas o desequilibrios con el único fin de recibir tu atención amorosa. De niños, es habitual que sintiéramos la mayor bondad y la mayor atención por parte de los demás cuando estábamos enfermos o padecíamos dolor. Esto da lugar a menudo a una creencia inconsciente que invita al cuerpo a producir dolor o enfermedad como una forma de invitar a una conexión más profunda con nuestros seres queridos. La mayor parte de las enfermedades y dolores físicos constituyen etapas críticas del crecimiento espiritual, en que el cuerpo físico se pone al día y se alinea más con la consciencia del alma cuando esta se halla en rápida expansión. Es sorprendente lo sanos, alineados y equilibrados que podemos estar siempre que brindamos atención amorosa libremente y de manera incondicional.

Esto no debe llevarte a pensar, respecto a cualquier persona enferma: «No debe de amarse lo suficiente». Este sería un juicio desafortunado proyectado sobre alguien cuya inocencia necesita, en esos momentos, más apoyo y aliento en su paso por etapas cruciales de crecimiento y expansión.

Cuando te abrazas a ti mismo por medio de amar lo que surge, a través de cada ganancia y cada pérdida, tu cuerpo ya no tiene que utilizar el desequilibrio o los comportamientos desesperados como una manera de obtener la energía de tu aprobación. Cuando te saludas a ti mismo con un «hola, hermoso», estás informando a tu corazón de que ya no tiene que crear problemas, manifestar dramas o sabotear cualquier aspecto de tu vida con el fin de obtener la atención que puedes proporcionarle libremente. Puedes emplear estas palabras de varias maneras: como una forma de saludar a tu inocencia por la mañana, para reconocer los esfuerzos de tu cuerpo al final del día, para hacerte a ti mismo un cumplido de forma habitual, para compartir bendiciones con otras personas... Sea como sea, este saludo es una manera eficaz de dar nacimiento a un nuevo paradigma espiritual que inspire al mundo a sanar.

Esto es lo que significa dar inicio a nuestra propia revolución del amor. Consiste en descubrir el valor, la pasión y el deseo por revelar nuestras cualidades divinas, nuestros increíbles talentos y nuestras extraordinarias habilidades para el beneficio de todos (a la velocidad en la que abrazarnos a nosotros mismos constituya nuestra práctica espiritual más deliberada).

El dolor y la enfermedad como catalizadores de la transformación

Aunque puede parecer más fácil amar al propio corazón si nos sentimos seguros en nuestros cuerpos, lo que permite hallar la verdadera seguridad es tomarnos tiempo para conectar con nuestra inocencia. Hay dos actitudes fundamentales que nos ayudan a estar arraigados de forma segura en nuestro cuerpo, sea lo que sea aquello con lo que nos encontremos. La primera es ser siempre honestos con nosotros mismos y admitir cómo nos sentimos. Cuando estamos perdidos en el ego, puede parecer difícil llegar a un acuerdo con los propios sentimientos y fácil señalar con el dedo las circunstancias que se interponen en nuestro camino. Cuando despertamos, reconocemos cada obstáculo, retroceso y distracción como catalizadores de transformación hábilmente orquestados, creados para asegurar nuestra más alta evolución. Uno de los catalizadores divinos más respetados y aun así incomprendidos es la sensación de dolor.

El dolor, ya sea que surja como molestia física, mental o emocional, actúa como la señal recurrente de una consciencia en expansión continua. Por más incómoda o inoportuna que parezca ser, la intensidad que sentimos confirma que está teniendo lugar una transformación importante. A causa de lo inesperados, estresantes y tumultuosos que pueden ser estos momentos de expansión, es muy natural que intentemos luchar contra el dolor que estamos sintiendo, evitarlo o ignorarlo, o que busquemos remedios para hacer que remita. No estoy sugiriendo que pretendas disfrutar del dolor que estás sintiendo, sino que te abras a los efectos transformadores que es seguro que te proporcionará.

Como catalizador de la voluntad divina, parte de la función del dolor es que nos volvamos más honestos con nosotros mismos acerca de aquello que no podemos controlar. Es un fiel representante de la verdad que va reapareciendo en nuestras vidas para ayudarnos a ser más abiertos, honestos y vulnerables en lugar de seguir sintiéndonos temerosos, desesperados y derrotados.

El dolor tiene éxito cuando en los momentos de dificultad reconoces esto: «Siento mucho dolor, y no sé qué hacer». Acaso confieses: «Siento un dolor total, y odio cada momento en que lo experimento».

Sorprendentemente, tu inocencia no se sentirá rechazada con estas declaraciones, porque estarás siendo *honesto* acerca de tus circunstancias. Nuestro niño interior solo tiende a sentirse rechazado cuando nos alejamos del dolor o cuando nos culpamos por él. De hecho, cuanto más honesto eres contigo mismo, tanto si estás sintiendo dolor como si no, más desarrolla tu inocencia una voz que permite que se abra tu corazón.

Si bien es natural que creamos que nuestro corazón estaría mucho más abierto si no estuviésemos experimentando un dolor tan grande, descubrimos una verdad más profunda una vez que dejamos de luchar contra las fuerzas de la naturaleza que inspiran esta mayor honestidad. Incluso si decimos: «Odio este dolor», estamos poniendo nuestra intención consciente en confesar la verdad de nuestra experiencia. Esta confesión no tiene que ser elocuente ni hay que proyectarla en los demás; basta con que sea la confesión más honesta que jamás hayamos realizado.

Una vez que el dolor ha invitado a que emerja una honestidad más profunda, tal vez el próximo paso es reconocer al que odia sentir dolor como el siguiente de la fila al que amar. Si no estamos listos para dar este paso, podemos limitarnos a admitir cómo nos sentimos. Esto puede requerir que admitamos esto: «Odio mucho este dolor. Todo lo que me importa es hacer que desaparezca».

Sea lo que sea lo que estemos experimentando, la respuesta más amorosa consiste en descansar en la gracia de la honestidad para concedernos espacio para sanar, hasta que algo más profundo se abra. Una confesión honesta tras otra, seremos capaces de relajarnos en la presencia del dolor, para poder abrazar al que desprecia las experiencias que no puede controlar o evitar. Como has aprendido a hacer con las emociones difíciles, cada momento de adversidad se convierte en una oportunidad de respirar lentamente en el centro del dolor, lo que permite que todo lo que haya a su alrededor se relaje en un nivel más profundo.

Tanto si estamos abrumados por el dolor como si nos sentimos frustrados por las circunstancias o hemos culminado un proceso de curación agitado, el poder transformador del dolor nos da pleno permiso para que seamos honestos con nosotros mismos, como una forma de acelerar el proceso. Como siempre, antes de poder cultivar la integridad de estar abiertos a los demás debemos ser honestos con nosotros mismos. Cuando abrazamos la honestidad, nuestra inocencia siempre se siente segura y protegida, por más molestias que podamos estar experimentando.

Cuando estamos sanando las inflamaciones de tener razón, la de la victimización, la de tener derecho o la de la necesidad y las estamos expulsando de nuestro campo energético, el ego a menudo sigue insistiendo en que «no es justo». Si bien es normal sentir que no es justo hallarnos enfrentados a un dolor que no podemos controlar, dicho dolor revela un propósito más profundo: el de que crezcamos, nos expandamos y evolucionemos más allá de las limitaciones de la existencia condicionada. Mientras estamos en medio de esta evolución, no tenemos nuestro mejor comportamiento cuando todo va a nuestro favor o cuando estamos traumatizados por unas circunstancias inesperadas. Hay un flujo más íntimo de perfección que nos lleva, más allá de cualquier crisis, a descubrir un resplandor interior que brilla como el resplandor de todo.

Una sola flor emana la elegancia, la belleza y la autonomía de todo un jardín, pero solo puede hacer esto gracias a que hubo una semilla que emprendió un valiente viaje que la llevó a experimentar una transformación radical con el fin de que dicha flor pudiese florecer. Incluso cuando nuestro viaje de sanación no parece tan milagroso, el hecho de amar lo que surge hace que el aroma de nuestra belleza eterna abone el suelo para que otras semillas florezcan.

Abrazar la confusión

La segunda manera de arraigarnos de forma segura en nuestro cuerpo es abrazar la confusión como un aliado inesperado. A menudo, cuando experimentamos confusión lo interpretamos como una señal de que necesitamos buscar claridad, sanación y resolución. Pero a través de los ojos del universo la confusión no es lo opuesto a la claridad, sino la puerta de entrada a la sabiduría más grande jamás conocida. La confusión tiene lugar cuando todas nuestras ideas, definiciones y puntos de referencia preconcebidos se ven desplazados.

Si nuestra vida fuera la metáfora de un libro, la confusión sería la capacidad espontánea de perder el hilo de la historia y sentir un interés renovado por aventurarnos hacia delante, sin apego a los capítulos anteriores. Puesto que el hecho de perder el hilo de nuestra historia personal es precisamente la forma en que tienen lugar los descubrimientos más profundos, la confusión no es algo que arreglar o evitar de ninguna de las maneras. Es más bien el espacio en el que se revelan nuestros mayores despertares.

En un abrir y cerrar de ojos, podemos encontrarnos sorprendidos de pronto por las acciones de alguien, y no darnos cuenta de que esa persona ha sido ubicada en nuestra realidad con el fin de traer la confusión al primer plano de nuestra experiencia. Si abrazamos la confusión como un catalizador divino del crecimiento y la expansión, podemos permitir que nos ayude a deshacernos de los rencores del pasado que estábamos arrastrando. De este modo, aligeramos nuestra carga a lo largo del camino que tenemos por delante con el fin de explorar un éxtasis más profundo que nada que hayamos conocido hasta el momento.

Si bien la estrategia de utilizar la confusión como herramienta de crecimiento es simple, no siempre resulta fácil ni cómodo experimentarla. Con el amor como guía, podemos abrazar la confusión no como algo que entender sino como un espacio vacío de cualquier comprensión.

Para algunos, no tener nada que comprender puede parecer intimidante o crearles inseguridad. Sin embargo, si nos relajamos en no necesitar llegar a ninguna conclusión, descifrar nada o mantener un rumbo fijo, nuestra consciencia se expande para ver cómo todo es sabido *para* nosotros (no *por* nosotros). Esto no quiere decir que rechacemos comprender, sino que estamos realizando la transición a permitir que la comprensión *nos encuentre*, en lugar de seguir persiguiéndola. Esto significa que siempre sabremos todo lo que necesitamos saber, exactamente en el momento en que necesitemos saberlo.

En las etapas iniciales del camino espiritual, nuestro progreso viene determinado por las comprensiones que logramos. En las etapas más avanzadas de la evolución, el progreso puede reconocerse por la cantidad de comprensiones (entre las ya adquiridas) que hemos integrado. Cuanto más se integra la sabiduría, más parece desaparecer de la memoria. Es como si el universo nos inspirara momentos de confusión para recordarnos lo que ya no es necesario que sepamos al doblar la esquina hacia nuevos capítulos de la evolución. A menudo, la comprensión que nos aportó tanta tranquilidad en un capítulo anterior de nuestra vida se convierte en un nuevo punto de referencia para el ego en una etapa posterior.

A medida que nos aventuramos en los niveles más profundos del crecimiento espiritual, nos encontramos, de modo recurrente, con momentos de confusión que nos liberan de los recuerdos, ideas, creencias y conclusiones que nos vinculaban al sistema nervioso sobrestimulado. Esto ocurre hasta que el cuerpo se convierte en un recipiente vacío a través del cual brilla la vibración del amor. Puesto que el amor es lo único cosa que la confusión no puede arrebatarnos, podemos reconocerlo como la única comprensión verdadera de la existencia.

El hecho de que nuestra voluntad de acoger la confusión nos ayude a hacer sitio para el amor, permite que el corazón se abra. Con el fin de abrazar la confusión como un aliado inesperado, repite el siguiente mantra sanador:

Cuando estoy confuso o malhumorado, acepto la confusión como un aliado inesperado que está aquí con la única finalidad de ayudarme a aligerar mi carga en aras del camino que tengo por delante. Cuando no sé adónde ir o qué hacer, e incluso cuando no sé lo que soy o lo que no soy, recuerdo que siempre tengo la capacidad de relajarme en la confusión para honrarla como un catalizador divino de crecimiento y expansión.

Por más confundido que parezca estar, reconozco que la intención más profunda de la confusión es ayudarme a olvidar lo que creía que sabía, como una manera de integrar esta sabiduría, lo que deja espacio en mi vida para que se revele una verdad aún más profunda.

Aquí y ahora, reconozco la confusión como una amiga que solo puede ser enemiga del querer tener razón, la sombra del victimismo, una pesadilla para el tener derecho y aquello que más teme la necesidad. A medida que me permito abrazar la confusión, puedo ser honesto acerca de lo confundido que estoy y advertir que, por más confundido que esté, esto no me impide relajarme (a pesar de que en ese momento piense que necesito comprender).

Permito que la confusión me ayude a desenredar mi sistema nervioso sobrestimulado para poder descubrir la verdadera seguridad que proporciona vivir dentro de un corazón abierto. Mientras respiro más lentamente y me pongo la mano sobre el corazón, amo al que quizá no sabe el potente regalo que puede ser la confusión.

Cuando somos honestos acerca de nuestro dolor y estamos dispuestos a ser amigos de la confusión en todas las circunstancias, le damos permiso al universo para que nos guíe hasta la naturaleza de la verdad, que siempre se está revelando. Se trata de un espacio del ser pacífico, clarificador y armónico, en que el amor es la única respuesta a cualquier pregunta imaginable.

A medida que nos arraigamos en el cuerpo como una expresión viva de la consciencia centrada en el corazón, podemos observar que el universo es más amable con nosotros cuando hemos elegido ser más flexibles y compasivos con nosotros mismos.

Tanto el dolor como la confusión son catalizadores divinos a los que llamo «los huéspedes no invitados». Esto significa que a menudo se presentan en los momentos más inesperados o cuando menos deseamos. Pero podemos aprender algo extraordinario al darnos cuenta de este fenómeno.

Cuando aparezcan en el momento más inoportuno y en el lugar más insospechado, podemos decir:

Aunque no he invitado a la confusión o al dolor en este momento, aquí están. En aras de hacerme amigo de mi experiencia con una mayor integridad de corazón, doy la bienvenida a estos huéspedes no invitados que aparecen para garantizar mi más alta evolución.

Al aceptar las experiencias de dolor y confusión, la única manera que tienen de conservar su identidad como huéspedes no invitados es salir de nuestro campo energético. En muchos casos, los catalizadores a los que invitamos parecen tener otro lugar en el que estar. Por el contrario, aquellos que rechazamos tienden a quedarse hasta que son bien recibidos.

Cuando podemos ver el dolor y la confusión como aliados en lugar de verlos como enemigos, somos capaces de sentirnos seguros en nuestros cuerpos bajo cualquier circunstancia. Por más confusa que parezca ser la vida, por más dolor que estemos experimentando e independientemente de la cantidad de decepciones que se crucen en nuestro camino, nuestra inocencia puede sentirse querida, honrada y apoyada mientras nos abrimos a los misterios más profundos que ya están floreciendo en nuestro interior.

12

El despertar: ¿qué podemos esperar?

Durante estos tiempos cruciales de la historia, cada vez más personas experimentan despertares espontáneos. Incluso si te parece que vives en un mundo en el que hay tantísimos individuos que luchan para cumplir con las perpetuas demandas de la sociedad o que están constantemente buscando formas de tomar ventaja, todo ello constituye una parte esencial de un plan divino más grande.

Un sistema nervioso sobrestimulado se parece mucho al motor de un automóvil. Cuanto más rápido intentas hacer que vaya, más aumentan las revoluciones por minuto, lo cual, inevitablemente, acaba por dar lugar a la combustión del motor. Si bien podemos concebir vivir la vida con un ritmo así de frenético, esperando a que el sistema nervioso colapse con el fin de que se expanda la consciencia, amar lo que surge nos ofrece una forma mucho más suave y directa de entrar por la puerta de la libertad eterna.

¿Qué es el despertar?

Una manera de pensar acerca del despertar es pensar en nuestro sistema nervioso. Cuando está en modo de sobrestimulación, en algún momento puede tener un «fallo técnico» y hacer que todo el proceso, momentáneamente, se interrumpa. En el momento en que tiene lugar esta parada repentina, la consciencia se expande hacia el estado natural del ser, lo que revela una perspectiva que contrasta con la forma en que hemos sido condicionados a ver la vida hasta ese momento. El choque entre estos dos extremos puede generar serenidad, euforia, una sensación de intimidación, la anticipación de la muerte o incluso una sensación de miedo, ya que nos vemos lanzados a una percepción de la realidad que puede ser que no hayamos advertido nunca antes.

Cuando alborea el despertar y la mente de repente está callada, y lo podemos sentir todo en el cuerpo (lo cual puede incluir la capacidad de sintonizar con la experiencia de los demás), esto puede ser, en gran medida, un ajuste. Tanto si esto da lugar a un momento de emoción como si experimentamos miedo, puede ser que no seamos capaces de determinar dónde empezamos nosotros y dónde terminan los demás. Tal vez uno no sepa qué hacer consigo mismo, cómo existir o cómo actuar ahora que no tiene un personaje por interpretar. Quizá nos hagamos preguntas como estas: «¿Por qué hablo así?», «¿Por qué elijo de esta manera?», «¿Cómo voy a ir por la vida interpretando un papel que ya no parece corresponderse con lo que soy ni tener nada que ver con lo que está sucediendo ahora?».

Cuando se produce un fenómeno espiritual de esta profundidad y magnitud, es muy importante entablar amistad con la confusión y ser honestos acerca del propio dolor, con el fin de no confundir la apertura de la consciencia con algo que haya que resolver o a lo que haya que dar la espalda. Ser amigos de la confusión nos ayudará a ver estas experiencias como una invitación a abrazar una realidad que está más allá de la comprensión. Por más clarificadora o confusa que pueda ser la experiencia, podemos permanecer abiertos y sintonizarnos con una fuente inagotable de alegría, independientemente de lo que esté o no sucediendo.

Tanto si estas palabras están anunciando lo que ocurrirá pronto en el curso de tu viaje como si te ayudan a aceptar lo que ya se te está revelando, tu disposición a amar lo que surge es un compañero esencial a la hora de atravesar cada etapa de la realización.

Incluso cuando todo sentido de quien pensabas que eras se disuelve y desaparece, es la gravedad del amor lo que te impulsa de un nivel al siguiente. Con el amor como guía, estás destinado a permanecer integrado y a ser compasivo y sabio en la misma medida en que te encuentras liberado, sanado, renacido y libre. Aunque con el advenimiento del despertar da la impresión de que no quedará nadie en uno que *sea*, esto no quiere decir que no quede nadie que *ame*. Cuando los personajes que has estado interpretando desaparecen repentinamente, el amor perdura para abrazarse a sí mismo como el eterno corazón único que está haciéndose pasar por los cuerpos de todos.

Tanto si la puerta del despertar ya se ha abierto para ti y deseas completar el círculo que es tu viaje como si se te está preparando para la aventura más milagrosa (que puedes no entender), cada miedo y preocupación constituyen una invitación permanente a que regreses al amor. No importa cuál sea tu experiencia, tu percepción, las creencias que sostienes o la identidad que ya no posees: cada abrazo interior te permite ver la vida a través de los ojos del universo con el fin de que puedas recordar que todo tiene exactamente la misma importancia.

Los ciclos naturales de expansión y contracción

Cuando comprendemos el despertar espontáneo o gradual de la consciencia como un fallo que tiene lugar en el sistema nervioso sobrestimulado, puede ser útil que exploremos más profundamente las complejidades de esta aventura milagrosa. Al expandirse la consciencia, el sistema nervioso puede ser incapaz, al principio, de mantener la vibración de esta frecuencia tan nueva. Si te ocurre esto, puedes notar que tu sistema nervioso está regenerando los patrones de sobrestimulación. Te puede parecer que tu consciencia, que ha estado tan expandida, comienza a cerrarse y volver al comportamiento de la personalidad inflamada de la que tu despertar pareció rescatarte.

Cuando dicha expansión y claridad finalizan, esto puede hacerte sentir como si estuvieras yendo hacia atrás en tu evolución espiritual. Durante esta etapa, es importante que te des cuenta de que nadie tiene la culpa de esto. No hay necesidad de culparse a uno mismo o de culpar a otro por la progresión natural de las cosas, pues dicha progresión obedece a un diseño.

A lo largo de tu viaje, a menudo tendrás atisbos súbitos de lo que es estar despierto, puesto que el universo, de manera recurrente, nos ofrece una idea de cómo experimentaremos la vida. Debido a que el sistema nervioso no puede mantener esa energía expandida, volverá a su anterior estado. Ahora bien, al regresar al estado condicionado, tenemos la oportunidad de experimentar el ego con mayor consciencia. Esto nos ayuda a volver a visitar los patrones sin resolver con una visión mucho más clara.

En un nivel aún más profundo, empezamos a ver que todas las cosas existen como catalizadores perfectamente orquestados con el fin de enseñarnos algo acerca de nosotros mismos que acaso no sabíamos antes. Puesto que nada ocurre por casualidad, ninguna experiencia está ahí como un obstáculo en nuestro camino. Acaso no sea más que la siguiente perla de comprensión, que aparenta interponerse en nuestro camino pero que en realidad constituye el medio más directo para ayudarnos a evolucionar.

A través de un juego de contrastes, despertamos a un nivel expandido de consciencia y podemos darnos cuenta de lo distintas que serán las cosas una vez que el sistema nervioso sea capaz de mantener esa vibración. Cuando esta vista previa ha finalizado, volvemos a condensarnos en la personalidad del ego inflamado, pero enraizados en una perspectiva totalmente nueva. Por medio de oscilar entre estos estados de expansión y contracción, llegamos a ver qué es aquello que es exactamente lo mismo y no cambia entre ambos extremos.

Esta es la indagación silenciosa de nuestro viaje espiritual más profundo. Tanto si ya nos hemos visto liberados de todos los puntos de referencia como si esperamos con impaciencia tomarnos unas vacaciones permanentes de la inflamación del ego, esta es una oportunidad para reconocer que tanto el que se encuentra expandido como el que se encuentra contraído están aquí para ser abrazados.

A medida que transitamos por los altibajos de la contracción y la expansión, descubrimos que cada lado de la polaridad constituye una oportunidad de abrazarnos a nosotros mismos a un nivel más profundo. Es como si botáramos como una pelota de pimpón entre ambos extremos para asegurarnos de que nuestro amor llega a ser plenamente incondicional. En un extremo, todo parece alegre, hallarse dentro de un flujo perfecto y ser satisfactorio en todo momento. En el lado opuesto, todo parece inseguro, inestable y desequilibrado; es como si nada estuviese bien en el mundo. Es muy natural oscilar atrás y adelante, hasta que logramos el impulso suficiente que nos permita instalarnos en el medio. Es aquí donde ambos extremos colapsan. Entonces ya no hay auges ni descensos; tan solo existe la realidad, constituida por expresiones radiantes de la verdad en acción.

La kundalini y el componente energético del despertar

Cuando estamos oscilando entre las polaridades, pueden presentarse síntomas y experiencias inexplicables. Podemos sentir como si fuésemos sacudidos por corrientes eléctricas, como si varias partes de nuestro cuerpo hubiesen sido alcanzadas por un rayo. Podemos sentir una presión en la base de la columna vertebral que puede significar la activación del componente energético de la evolución espiritual. Esto se denomina a menudo *el despertar de la* kundalini: la energía sube por la médula espinal, casi como si una serpiente se estuviese desenroscando en la base del cóccix. A medida que asciende para abrir los chakras y activar el campo energético del cuerpo, la energía *kundalini* empuja hacia fuera las memorias celulares que no coinciden con la vibración de lo que está emanando de nuestro interior. Es como si el sistema nervioso y la energía *kundalini* trabajaran juntos como socios en favor de nuestro viaje evolutivo.

A medida que comienza el viaje, el sistema nervioso elimina las capas iniciales de inflamación para prepararse para el componente energético del despertar. Cuando asciende, la energía *kundalini* continúa ahí donde el sistema nervioso lo dejó para ayudar a liberar las capas más profundas de condicionamiento. Tanto si las libera de nuestro campo el sistema nervioso como si las libera la energía *kundalini*, puede parecer que cuando despertamos reaccionamos más a menudo ante las personas que nos rodean. Como hemos visto al hablar de las emociones incómodas, aquello que estamos sintiendo lo estamos sanando.

A medida que las emociones reactivas se acogen y abrazan, se liberan, para que podamos completar nuestra misión de regresar a la Fuente. Al amar cada arrebato emocional o al menos abrazar al que lo experimenta, estamos liberando espacio dentro de nuestro campo para ayudar a la energía *kundalini* a traer una nueva consciencia centrada en el corazón.

Si bien es natural querer pasar rápidamente por los aspectos más tumultuosos del despertar, *cuanto más despacio transitemos por esta etapa, más deprisa avanzaremos*. La forma más directa de acelerar este proceso es relajarnos en él. Cuando la relajación se convierte en un aliado más en nuestro camino, el corazón puede abrirse para conectar a tierra las oleadas repentinas de energía *kundalini*. Si eres incapaz de relajarte, vuelve a poner siempre tu atención en tu niño interior, para descubrir al siguiente a quien amar en tu camino.

El atasco de memorias celulares

A veces, cuando sube la energía *kundalini*, puede producirse un atasco cuando las memorias celulares no tienen suficiente impulso para salir del campo tan rápidamente como están siendo liberadas. Esto puede manifestarse como enfermedad física, cansancio, apatía, ira o depresión. En el nuevo paradigma espiritual, la enfermedad se reconoce a menudo como una señal importante de que una transformación está teniendo lugar. Es muy parecido a una mujer que estuviese sintiendo las contracciones intensas del parto sin saber siquiera que está embarazada.

Puesto que la enfermedad puede ser la señal de que está aconteciendo una expansión energética enorme en el campo de la persona, no hay necesidad de que nos inculpemos por ella, como si los problemas físicos constituyeran una prueba de que no hemos efectuado correctamente nuestro trabajo espiritual.

A través de la rápida expansión energética de la evolución espiritual, las viejas memorias celulares están tratando de salir y la nueva energía emergente se atasca. Este atasco energético puede hacer que nuestros órganos se inflamen o desequilibren, de modo que aparecen los síntomas de la enfermedad física como una forma de mostrarnos qué es aquello que requiere una mayor atención.

Si bien los aspectos energéticos del despertar no son la única explicación de la enfermedad, esta es una ocasión de percibir los desequilibrios como una oportunidad de ser más coherentes con nuestra forma de alimentarnos y de prestar más atención a las necesidades del cuerpo. Tanto si buscas la ayuda de un médico como de un profesional de la salud alternativa, ten la intención de ofrecerles una mayor atención amorosa a las partes de tu cuerpo que presentan los síntomas. Esto permite que el ecosistema del campo energético trabaje de forma más armónica para que goces de un mayor bienestar en tu camino.

Comparto estas reflexiones para que no te alarmes o seas poco amable contigo mismo si durante tu proceso de despertar las cosas no fluyen siempre de forma cómoda. Al amar lo que surge, te ubicas en la posición más óptima para recibir cada experiencia con la máxima fe, humildad y tranquilidad.

Las trampas del ego espiritual

A lo largo del proceso de despertar, es habitual experimentar aperturas potentes que nos revelan verdades más profundas sobre la realidad. Si bien estas experiencias avalan que estamos yendo en la dirección correcta, a veces podemos interpretar erróneamente que hemos llegado al final del camino. Aunque las experiencias trascendentes confirman que hemos alcanzado un nuevo nivel de consciencia, es de vital importancia recordar que cualquier etapa del despertar siempre presagia la etapa que se abrirá a continuación. Si olvidamos los reinos infinitos de la realización, podemos creer que nuestro viaje se ha acabado. Si bien puede ser que los patrones de desesperación nos hayan abandonado y que encontremos que muchos síntomas están remitiendo, esto no hace más que preparar el terreno para el próximo horizonte de descubrimientos en un trayecto sin fin en que la gracia no deja nunca de revelarse.

A raíz de las experiencias espirituales profundas, puede emerger una nueva identidad para el ego. Así es como el *tener razón* del ego se convierte en el «tener *razón*» *espiritual*, que se alimenta de corregir los errores de percepción de los demás a partir de las experiencias que la persona recuerda haber tenido. Además, el victimismo del ego puede pasar a ser *victimismo espiritual*, en que la persona suplica al universo que le satisfaga interminables deseos o en que le echa la culpa de haberla despojado de sus experiencias más preciadas a lo largo de las etapas de expansión y contracción. Cuando el ego está perdido en el victimismo espiritual, puede incluso mirar al universo con actitud supersticiosa y preguntarle: «¿Qué necesito hacer bien para merecer de nuevo la expansión?».

El *tener derecho* del ego puede convertirse, asimismo, en el «tener derecho» espiritual. A partir de quien uno cree que es o incluso en ausencia del personaje que uno pensaba que era, es fácil caer en esta trampa. De alguna manera, es como si las experiencias que ha tenido la persona la hicieran de algún modo mejor que las demás. En lugar de sentirse inferior a los demás por medio de la comparación, la persona puede llegar a creer que es *espiritualmente superior*. Si ocurre esto, es fácil perder de vista la humildad que reconoce a cada cual como un maestro en formación.

Aunque todos somos únicos y merecemos ser honrados por los exquisitos talentos que podemos expresar, somos uno en nuestra esencia, la realidad suprema del espíritu que ha tomado forma. Esto no quiere decir que no debamos sentirnos emocionados si una nueva consciencia despierta dentro de nosotros, pero debemos recordar que la singularidad de nuestra transformación presagia que los mismos ritos de pasaje existenciales florecerán en cada corazón.

Además de todo esto, la necesidad del ego puede convertirse en *necesidad espiritual*. Esto tal vez se concrete como compulsiones intensas (por ejemplo, necesitar siempre elevar la vibración, ampliar la atención o querer controlar todo aquello de lo que se es consciente). En este caso, uno puede preguntarse constantemente: «¿Estoy viendo esto de la manera correcta?», «¿Es esta la visión más clara?», «¿Necesito asegurarme de que no estoy percibiendo esto de la forma equivocada?».

Si bien aumentar la vibración, indagar en una visión más clara de la realidad e incluso expandir la conciencia pueden ser formas maravillosas de evolucionar, no nos ayudarán a sacar a la luz nuestro mayor descubrimiento si el ego está tratando de controlar el viaje. Nuestro viaje no tiene que ver nunca con si estamos haciendo las cosas correctas o con si las estamos haciendo de forma incorrecta, sino que consiste en darnos cuenta de si nuestro comportamiento surge o no de un espacio de relajación o compulsión.

Si bien el ego espiritual puede usar un conjunto de conocimientos y experiencias para crear un nuevo personaje en el teatro de la vida, este nuevo personaje no puede existir en presencia del amor; puede manifestarse incluso como alguien encantador que defiende la luz contra los males de la oscuridad, sin ser consciente de que una batalla como esta puede librarse solamente entre unos juicios extremos de base espiritual.

El ego espiritual compite con el amor en vez de colaborar con él. *Colaborar con el amor es disolverse en la luz del propio ser.* Los egos espirituales pasan por alto este paso, aunque puedan esperarse grandes beneficios de intentarlo.

En muchos casos, el ego espiritual considera que aquel en «quien» se ha convertido o que las verdades que ha comprendido constituyen un sustituto de la atención centrada en el corazón. El ego espiritual puede insistir en que está más allá de la necesidad de amor o juzgar el amor como un asunto menor, existente solamente en el nivel personal de la experiencia. Incluso aunque uno se haya dado cuenta de que es amor y haya visto que el que da y el que recibe son en realidad uno y el mismo, esto no detiene el despliegue del amor como un impulso interminable de verdad. El ego espiritual puede recitar frases maravillosamente redactadas y tiende a ser el primero en discutir con quienes cree que están mal informados. Sin embargo, *lo único que un ego no puede hacer es amar lo que surge*.

El descubrimiento espiritual no minimiza la importancia del amor de ninguna manera. Retira todas las distracciones y malentendidos para que no haya nada que se interponga en el amor a uno mismo (sin que importe ya quién afirme uno ser o no ser). Cuanto más profundamente exploramos la verdad de la existencia, más alineados con el amor pasamos a estar.

De hecho, cuanto más trascendente es una experiencia, más dispuestos estamos a apoyar nuestro cuerpo, abrazar nuestra personalidad y admirar el mundo como magníficos decorados dotados de divinidad.

En este capítulo nos hemos referido al «tener razón» , el victimismo, el «tener derecho» y la necesidad espiritual. Todo ello son personajes espirituales que podemos crear, pero no son más que nuestro corazón-niño disfrazado en su lucha por obtener la atención que solo nosotros le podemos ofrecer. Tanto si nos sentimos expandidos como contraídos, o de alguna forma intermedia, y por más veces que nos encontremos con nuestra propia liberación cara a cara, cada momento nos inspira a encarnar la más alta vibración como transmisora de la consciencia centrada en el corazón.

La rendición final

A medida que eclosiona el despertar, es bastante habitual que las experiencias de uno parezcan cualquier cosa menos el cuento de hadas que acaso uno esperó que serían. En lugar de pasar a estar sumergidos en una felicidad sin fin o de tener la capacidad de responder conscientemente en cada interacción, experimentamos un vacío palpable que puede hacernos sentir bastante impotentes si no sabemos lo que está sucediendo.

Cuando despertamos, el apego al ego se disuelve y deja de estar en el campo energético. Cuando este apego se desvanece, de repente no podemos vernos nutridos por las personas, los lugares y los objetos que anteriormente definieron nuestra existencia.

En modo ego, es habitual imaginar la idea del cuidado como la respuesta que tenemos frente a las personas, los lugares y los objetos que nutren nuestra identidad. Esto significa que a medida que despertamos de la necesidad de vernos nutridos podemos sentir como que ya no sabemos cómo atender aquello que constituía el centro de nuestro universo.

Sin una idea clara acerca de cómo atenderlo, y en ausencia de la necesidad de vernos nutridos por ello, nuestra realidad puede convertirse rápidamente en un desierto desolado y sin vida, el desierto del aburrimiento personal. Imagínalo: nada de lo que te definía te resulta significativo ni te proporciona ninguna oleada de satisfacción, mientras que tu nueva forma de ser, largamente esperada, aún debe revelarse. Esto es muy parecido a la etapa existencial del purgatorio. Este estado no es tan infernal como el dolor que has conocido en el pasado pero sigue pareciendo muy alejado del cielo, que aparenta hallarse en cualquier lugar excepto aquí.

Algunos pueden evitar esta etapa crucial del despertar por medio de buscar algo nuevo que los llene. Cuando el ego busca algo nuevo con lo que alimentar su existencia, normalmente se enfoca en el deseo de relaciones más profundas y significativas. Aunque todo el mundo merece conocer la verdadera alegría de la compañía y reunirse con su familia del alma, es habitual desear este tipo de relaciones, por encima de todo, como una forma de desviar la atención de la vacía desesperación que es el limbo espiritual.

Si estás comprometido con el despertar, ansioso de pasar al otro lado pero carente de pistas en cuanto a cómo atender la vida cuando nada parece importar, te ofrezco este importante ejercicio.

Te invito a sentarte cómodamente, cerrar los ojos y repetir una y otra vez el siguiente mantra sanador:

No hay manera de salir del dolor. No hay manera de salir del juicio.

Sin analizar demasiado estas frases, la energía que contienen acaba con las pretensiones del ego espiritual con el fin de inspirar una rendición más profunda del corazón que ponga todas las opciones que quedan en manos del destino.

A su vez, el destino más alto eclosiona a medida que descubrimos nuestra capacidad inherente de amar sin necesitar vernos alimentados o validados por aquello a lo que acudíamos antes.

A medida que integramos esta profunda rendición, un manantial de inspiración y dirección intuitiva regresa a nuestra consciencia para inspirar todos nuestros movimientos.

Este no es un proceso que pueda ser apresurado o que pueda acometerse por la vía rápida, aunque un mantra sanador de esta profundidad y magnitud se ha creado para proporcionar el acceso más directo a una verdad que ya está viva dentro de nosotros. Conocernos a nosotros mismos a partir del concepto espiritual de que se trata de llenar vacíos no puede librarnos del dolor de vaciarnos.

Cuando damos un paso firme en la dirección de rendirnos a la vida con total sinceridad, la aceptación de que no hay manera de salir del dolor o del juicio desenreda todas las estrategias de manipulación y evitación. Una vez que la manipulación o la evitación ya no son fuerzas activas en nuestro campo energético, nuestras opciones pueden ser organizadas y orquestadas por la voluntad del universo.

Aunque yo te asegure que *hay* una luz al final del túnel, es tu disposición a renunciar a cada expectativa lo que permite que la inteligencia que hay dentro de ti redirija tu consciencia en una dirección nueva y emocionante.

A veces, la creencia de que sabemos cómo se supone que opera el camino espiritual o la insistencia en que ya lo hemos hecho todo puede bloquear el reconocimiento de nuestra comprensión más profunda. Esta comprensión es la aceptación de que no hay manera de salir del dolor o el juicio. A medida que nos relajamos en este mantra sanador, puede sorprendernos ver lo pronto que finaliza nuestra guerra contra la vida.

Esto no significa que sentirás siempre dolor o que estarás siempre atascado en el juicio. Lo que ocurrirá es que el dolor o el juicio ya no serán tus enemigos, sobre todo porque cualquier enemigo que podamos percibir es un aliado encubierto.

Cuando nuestra batalla de toda la vida se disuelve, vemos que cada momento ha sido diseñado con maestría para asegurar nuestro mayor crecimiento (a pesar de lo confusos, dolorosos o frustrantes que puedan parecer muchos momentos).

13

La ascensión: el despertar planetario

Así como la palabra *despertar* apunta al concepto de un viaje individual de expansión de la consciencia, el término utilizado para describir el despertar planetario es *ascensión*. A medida que ayudes a la evolución de nuestro planeta a través de un camino de crecimiento espiritual, es probable que experimentes periodos de profunda expansión y contracción. Puedes oscilar entre máximos extraordinarios y mínimos infinitos, hasta que todas las polaridades se equilibren. Puedes experimentar zumbidos en los oídos, relámpagos de electricidad manifestándose en todo el cuerpo, remolinos de energía que surgen de la base de la columna vertebral, oleadas de ansiedad, momentos de dicha existencial e incluso terrores nocturnos.

Por medio de todo ello, tienes la garantía de que recibirás la revelación de la eterna verdad de la vida. A tu propia manera única, estás destinado a recordar el cielo que ya está aquí como un amor que no tiene fin.

Cuando te abres a esta realidad intemporal, eres capaz de experimentar la vida desde una perspectiva extraordinariamente fresca. Desde este punto de vista, los resultados y las circunstancias que antes eran tan importantes para ti y que custodiabas tan bien han sido sustituidos ahora por el deseo de dominar las relaciones, explorar el arte de la comunicación y amar lo que surge.

A medida que evolucionas, el planeta evoluciona

Mientras tu vida se va viendo libre del pasado e infundida por una fe, alegría y entusiasmo renovados, tu corazón puede reconocerse como el centro del universo. Con cada «te amo» que ofreces en respuesta a cualquier cosa que pienses, digas, presencies o sientas, la inocencia de todo se ve transformada por la gracia de tu radiante presencia eterna. A medida que todos los seres renacen y regresan a su forma original, un mundo transformado refleja la nueva consciencia centrada en el corazón que siempre estuviste destinado a traer al mundo.

Tanto si te dispones a sumergir el dedo gordo del pie en esta profunda odisea espiritual como si estás usando estas palabras para conducir tu viaje de sanación a un punto de compleción largamente esperado, te estás haciendo consciente del propósito profundo de la existencia, que no puedes negar durante más tiempo. Al participar en la ascensión de la Tierra como portador de la luz de la consciencia centrada en el corazón, reconoces que tu propia evolución personal es la forma más directa de elevar la consciencia del mundo.

Desde este espacio, ya no eres una persona que espera ser liberada por la vida. Eres el liberador eterno de la vida, que redime la verdad en todos los corazones por medio de tomarte tiempo para abrazarte a ti mismo más a menudo.

El efecto catapulta de la ascensión

Durante este periodo de despertar, si deseas explorar la realidad más elevada de la existencia o atravesar los límites exteriores del universo, la manera de ganar impulso e ir como un cohete por las galaxias es permanecer anclado en el cuerpo. Estar enraizado es la capacidad de sentirte a salvo. Y te sientes a salvo cuando tu corazón se ha abierto. A su vez, un corazón abierto es el resultado final de proporcionarte la bondad, el cuidado, el apoyo y la atención que solo tú puedes ofrecerte a ti mismo.

Por más veces que parezcas perdido en los altibajos de las circunstancias, manifestando las distintas inflamaciones del ego humano (la de tener razón, la del victimismo, la de tener derecho o la de la necesidad), tú eres el más alto destino de la Divinidad, manifestado en el mundo de las formas como un maestro espiritual que está evolucionando. Tanto si estás tratando de restablecer el orden en tu vida cotidiana como buscando la manera de encontrar alegría y satisfacción donde sea que vayas, cada momento representa una reunión intemporal donde la luz de todos se encuentra con su naturaleza inocente en la que constituye una celebración del amor eterno. Al llevar bondad y atención a tu verdadera naturaleza inocente, eres capaz de reconocer la vulnerabilidad que hay en tu interior como el clamor colectivo de todo un planeta.

Con el amor dirigiendo el viaje, una especie entera deja de ansiar llamar la atención y puede entrar en un renacimiento espiritual de proporciones cósmicas.

Por medio de las palabras que he sido guiado a compartir, se te han ofrecido las claves de una realidad milagrosa, con el fin de proporcionarte más de lo que nunca imaginaste recibir. Con el fin de anclar esta nueva vibración durante el periodo más emocionante de la historia de la humanidad, repite el siguiente mantra sanador:

Reconozco, por medio de cada sentimiento, pensamiento, creencia y acción, que, aunque mi experiencia pueda tener sus raíces en una perspectiva individual, acepto que lo que estoy teniendo es una experiencia individual de lo que se está desplegando a través de la totalidad.

Reconozco que lo que parece ser un viaje individual es en realidad un viaje colectivo. Todo un planeta se está viendo sanado, despertado, transformado, abrazado y amado cuando yo mismo experimento esto.

Acaso me perciba a mí mismo como un individuo que tiene una experiencia personal única, pero soy el todo que está dentro de ello. Aunque me manifieste con forma humana, estoy experimentando el renacimiento espiritual de todo un planeta, el cual, en mi experiencia, se muestra como la evolución de una persona.

Aunque este ser que soy demuestre la ascensión de un planeta entero, acepto que hay otras dimensiones en que la evolución de un ser se experimenta de formas ligeramente e incluso drásticamente diferentes. Esto significa que no estoy despertando solo de una manera, sino que estoy despertando de

todas las maneras. Si deseo explorar las dimensiones parale-
las, donde este ser está encarnando la ascensión de un planeta de infinitos modos, no tengo que viajar al espacio exterior
para descubrir esas otras versiones dimensionales: ya están
aquí, manifestándose de forma única como otras personas.

Reconozco a todos quienes veo como el yo soy eterno. Incluso aunque parezca que soy solo uno entre muchos, acepto
que este no es más que un punto de vista dentro de la inmensidad de las perspectivas infinitas. Independientemente de
cómo parezca verse todo, puedo alegrarme de estar transformando esta perspectiva para todos, por el solo hecho de
permitir que esta reciba mi atención amorosa.

Aun así, las otras personas que se hallan aquí están transformando también otros aspectos, para mi disfrute. Juntos como
uno, celebramos la victoria que está asegurada desde el principio de los tiempos: la sanación, el despertar, la liberación, la
transformación y la ascensión de todos.

Tanto si repites estas palabras en silencio como si las pro-
nuncias en voz alta, algo dentro de ti ya conoce la verdad de tu
destino tan esperado, incluso cuando te encuentres en medio
de las tareas más ordinarias.

A través de la transmisión que han vehiculado las palabras de este libro, se te ha infundido con el coraje, la pasión
y la claridad necesarios para que des, audazmente, un paso
adelante en el mundo. Esto invita a tu corazón a ser el navega-
dor interno que te guíe más allá de los límites del tiempo y el
espacio. A medida que exploras un mundo de posibilidades

sin fin, a lo largo de un universo de incesantes preguntas, estás destinado a recordar que el amor es la única respuesta.

A lo largo de tu viaje, no estás desestimando la individualidad en aras de la unidad. Por el contrario, estás despertando la verdad de la unidad por medio de unir tu mente y tu corazón en santo matrimonio. Cuando la mente y el corazón son uno, celebras tu evolución espiritual de forma única e instantánea a través del crecimiento y la expansión de todos los seres humanos.

Ama todo lo que surja

En estos tiempos, que son los más maravillosos en la historia de la Tierra, puedes favorecer la expansión de la consciencia abrazando tu inocencia y apreciando a tus seres queridos más profundamente que nunca. Son tiempos de hablar a aquellos con quienes te encuentras como si fuera la última vez que se cruzan vuestros caminos. Ahora tienes la oportunidad de saber que, como individuo que caminas por este planeta, la alegría que eres capaz de sentir, la paz que emana de dentro de ti, el amor que estás aquí para cultivar y la emoción que irradias les están dando a todos los seres, igualmente, un mayor acceso a la magnificencia de su potencial impecable. Incluso cuando tu experiencia parezca estar a años luz del auténtico alivio, esto no puede hacer que la vida sea más dolorosa para los demás, por más tristeza, dolor o frustración que sientas.

En lugar de creer que todo lo que sientas puede aumentar tu sufrimiento o el de otras personas, puedes reconocer con mayor claridad que todo lo que surge es indicativo de que hay un proceso de transformación en marcha en el seno de todo. Esto tampoco quiere decir que debas sufrir hasta que todo el mundo sea libre, ya que tu contribución a la ascensión de la Tierra tiene que ver con la manera en que te liberas del sueño del condicionamiento.

Ahora es el momento de que salgas de tu escondite y permitas que se escuche tu voz, por medio de confesar que tu verdadera naturaleza es la gloria de la inocencia divina en forma humana. Tanto si lo susurras silenciosamente a la vulnerabilidad de tu corazón como si lo gritas a pleno pulmón desde todos los tejados, *eres la prueba viviente de que todo está bien.*

Eres la fuente del atestiguamiento eterno de la vida y el orquestador que se asegura de que el amor tenga siempre la última palabra. Como presagio de esta victoria tan esperada, hay cinco palabras de gran alcance para que las lleves contigo adondequiera que vayas: ama todo lo que surja.

A medida que las tendencias a luchar, defenderte y negociar quedan en el camino, todas las capas de tener razón, victimismo, tener derecho y necesidad se disuelven y salen fuera de tu campo energético. En cada ocasión, el corazón abierto te regala unas relaciones magistrales, una comunicación hábil y una alineación perfecta que ninguna creencia limitante podrá comprender nunca.

Si bien puede parecer que este es el final del viaje que hemos emprendido juntos, solo puede ser el comienzo de una aventura completamente nueva. Que todos sean bendecidos, sanados, despertados, transformados, liberados y regenerados, ahora y siempre, por el amor que eres.

Y así es.

Sobre el autor

Matt Kahn, maestro espiritual y terapeuta empático, vivió un *despertar* espontáneo tras una experiencia extracorporal a la edad de ocho años. A lo largo de su vida, también ha recibido contactos de los Maestros Ascendidos y los Arcángeles.

Como terapeuta empático, tiene fuertes habilidades intuitivas para ver, oír y sentir. Matt llega a conectar directamente con las emociones de los demás y logra abrir los corazones bloqueados. El autor de *Ama todo lo que surja* ha ayudado a personas de todo el mundo a sanar su cuerpo, despertar su alma y transformar la realidad a través del poder del amor.

Para más información sobre las enseñanzas de Matt, por favor visita truedivinenature.com

Índice